**CARLOS TRILLO**
*Guión*

**EDUARDO RISSO**
*Dibujo*

# Los misterios de la Luna Roja

## 1. Bran, el invisible

**NORMA**
Editorial

## OTROS TÍTULOS DE EDUARDO RISSO

- JONNY DOUBLE
  (guión de Brian Azzarello)

- SERIE 100 BALAS
  (guión de Brian Azzarello)

  1. PRIMER DISPARO
  2. SEGUNDA OPORTUNIDAD
  3. PARLEZ KUNG VOUS
  4. COLGANDO DE UN HILO
  5. MAÑANA ROBADO
  6. CONTRABANDOLERO
  7. EL FALSO DETECTIVE
  8. UN FIAMBRE EN EL HORNO
  9. INSTINTO

- BOY VAMPIRO
  (guión de Carlos Trillo)

- CAÍN
  (guión de Eduardo Barreiro)

Los misterios de la Luna Roja.
1. Bran el invisible, de Carlos Trillo y Eduardo Risso.
Primera edición: Mayo 2005.
Copyright © Strip Art Features, 2005, www.safcomics.com
All rights reserved for all countries.
© 2005 Norma Editorial por la edición en castellano.
Passeig de Sant Joan 7 - 08010 Barcelona.
Tel.: 93 303 68 20 - Fax: 93 303 68 31.
E-mail: norma@normaeditorial.com.
ISBN: 84-9814-181-8.
Depósito legal: Mayo 2005.
Printed in the EU.

**www.NormaEditorial.com**

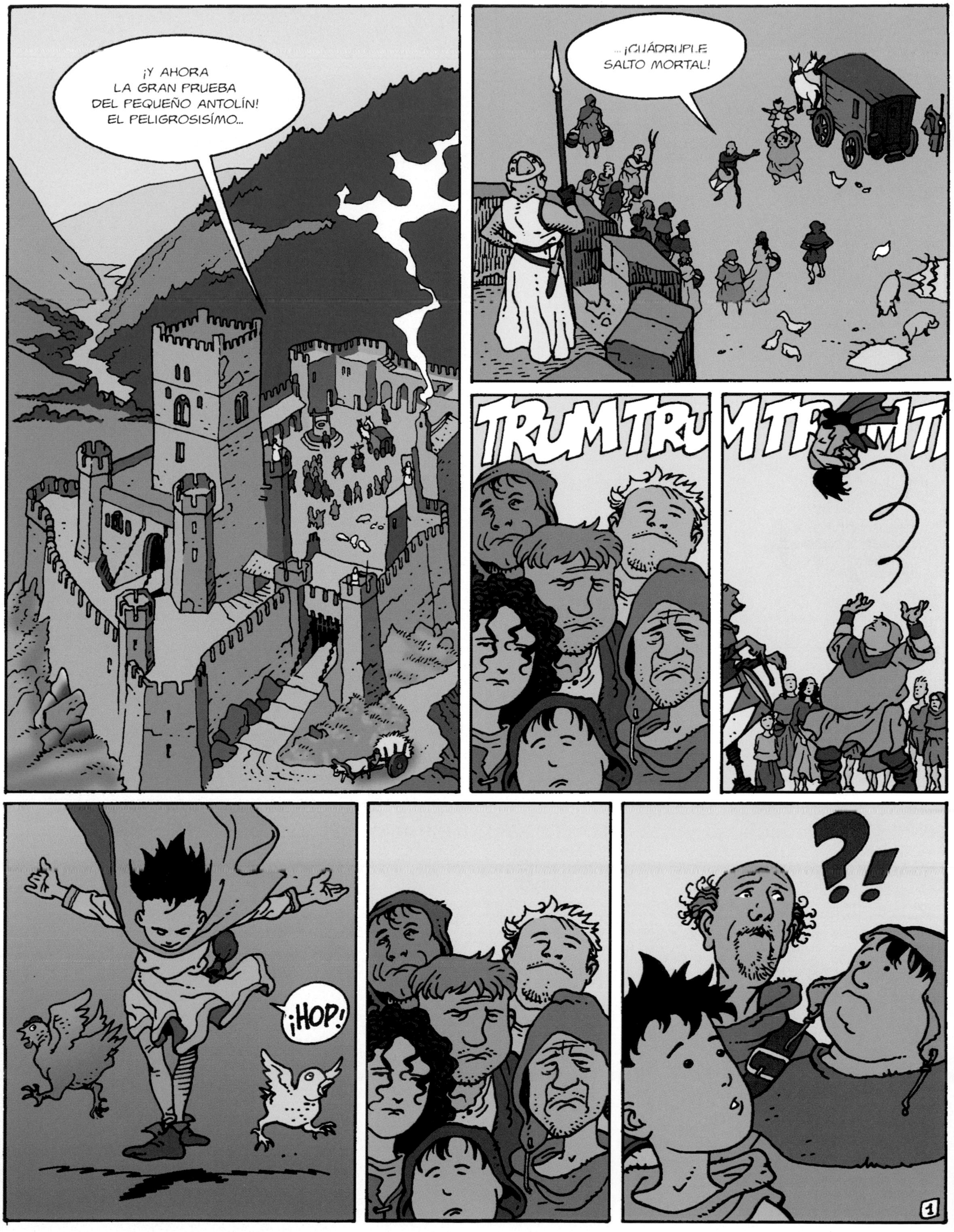
¡Y AHORA LA GRAN PRUEBA DEL PEQUEÑO ANTOLÍN! EL PELIGROSISÍMO...
...¡CUÁDRUPLE SALTO MORTAL!
TRUM TRUM TRUM TR
¡HOP!
?!
1

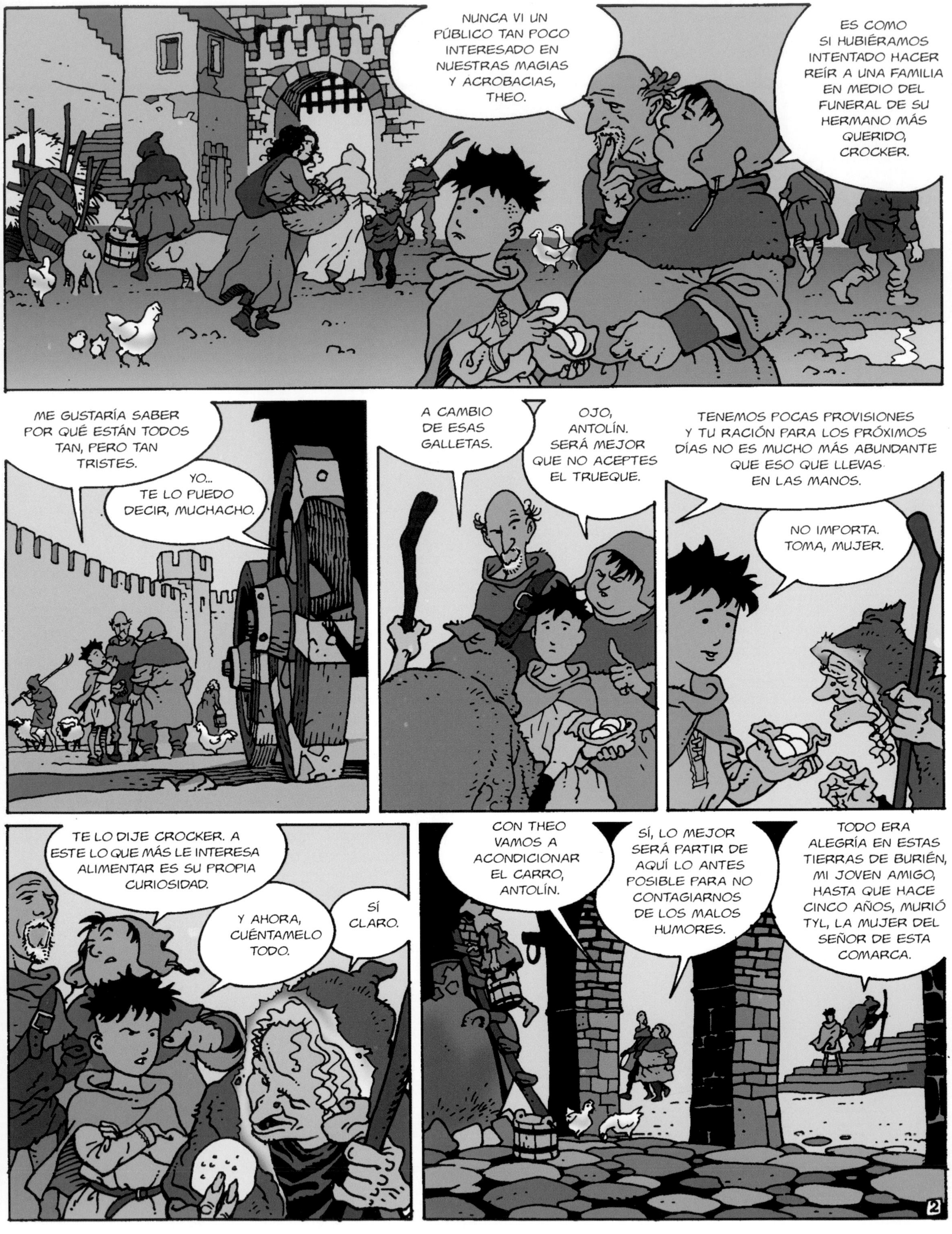
NUNCA VI UN PÚBLICO TAN POCO INTERESADO EN NUESTRAS MAGIAS Y ACROBACIAS, THEO.
ES COMO SI HUBIÉRAMOS INTENTADO HACER REÍR A UNA FAMILIA EN MEDIO DEL FUNERAL DE SU HERMANO MÁS QUERIDO, CROCKER.
ME GUSTARÍA SABER POR QUÉ ESTÁN TODOS TAN, PERO TAN TRISTES.
YO... TE LO PUEDO DECIR, MUCHACHO.
A CAMBIO DE ESAS GALLETAS.
OJO, ANTOLÍN. SERÁ MEJOR QUE NO ACEPTES EL TRUEQUE.
TENEMOS POCAS PROVISIONES Y TU RACIÓN PARA LOS PRÓXIMOS DÍAS NO ES MUCHO MÁS ABUNDANTE QUE ESO QUE LLEVAS EN LAS MANOS.
NO IMPORTA. TOMA, MUJER.
TE LO DIJE CROCKER. A ESTE LO QUE MÁS LE INTERESA ALIMENTAR ES SU PROPIA CURIOSIDAD.
Y AHORA, CUÉNTAMELO TODO.
SÍ CLARO.
CON THEO VAMOS A ACONDICIONAR EL CARRO, ANTOLÍN.
SÍ, LO MEJOR SERÁ PARTIR DE AQUÍ LO ANTES POSIBLE PARA NO CONTAGIARNOS DE LOS MALOS HUMORES.
TODO ERA ALEGRÍA EN ESTAS TIERRAS DE BURIÉN, MI JOVEN AMIGO, HASTA QUE HACE CINCO AÑOS, MURIÓ TYL, LA MUJER DEL SEÑOR DE ESTA COMARCA.
2

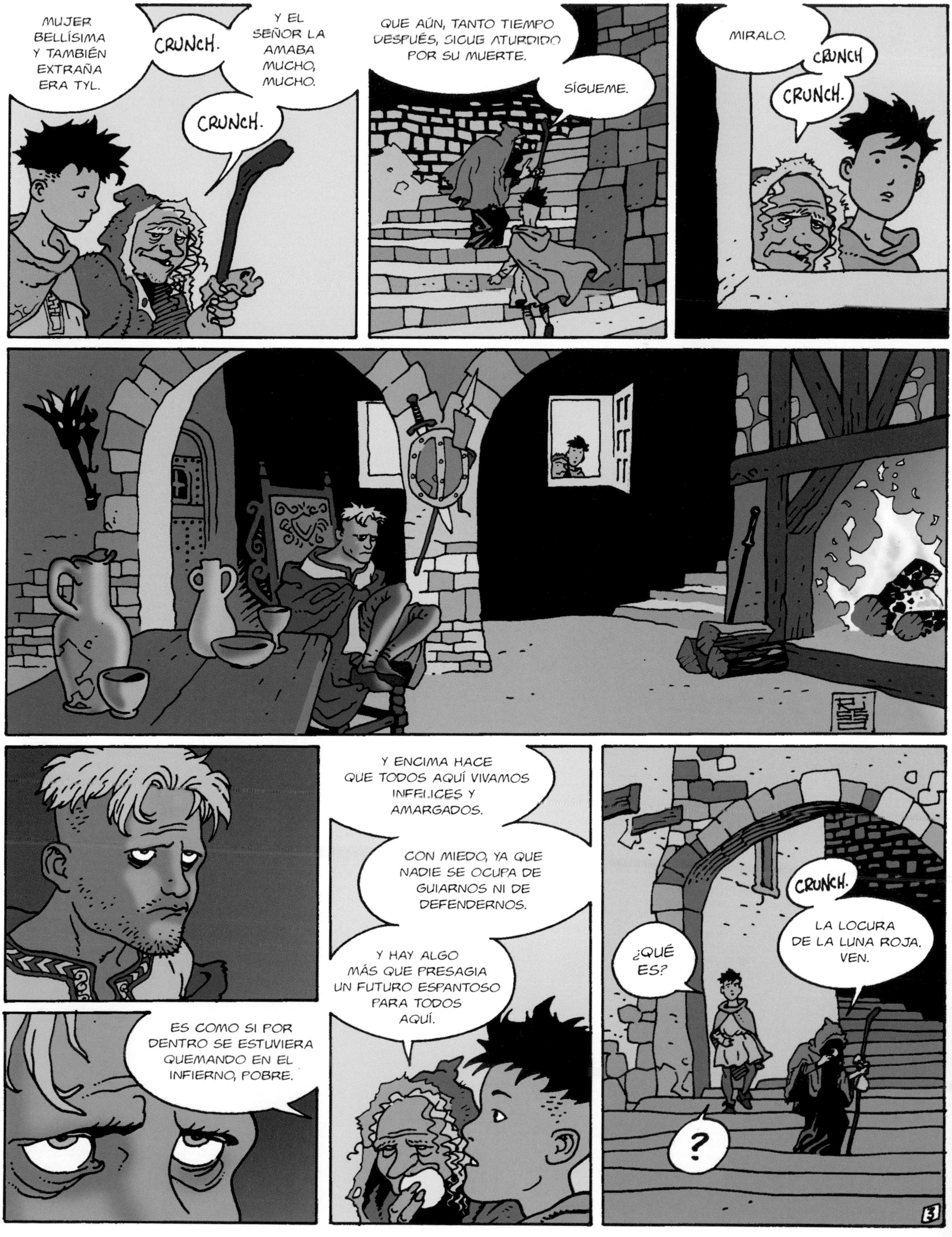
MUJER BELLÍSIMA Y TAMBIÉN EXTRAÑA ERA TYL.
CRUNCH.
Y EL SEÑOR LA AMABA MUCHO, MUCHO.
CRUNCH.
QUE AÚN, TANTO TIEMPO DESPUÉS, SIGUE ATURDIDO POR SU MUERTE.
SÍGUEME.
MIRALO.
CRUNCH
CRUNCH.
Y ENCIMA HACE QUE TODOS AQUÍ VIVAMOS INFELICES Y AMARGADOS.
CON MIEDO, YA QUE NADIE SE OCUPA DE GUIARNOS NI DE DEFENDERNOS.
Y HAY ALGO MÁS QUE PRESAGIA UN FUTURO ESPANTOSO PARA TODOS AQUÍ.
ES COMO SI POR DENTRO SE ESTUVIERA QUEMANDO EN EL INFIERNO, POBRE.
CRUNCH.
¿QUÉ ES?
LA LOCURA DE LA LUNA ROJA. VEN.
?
3

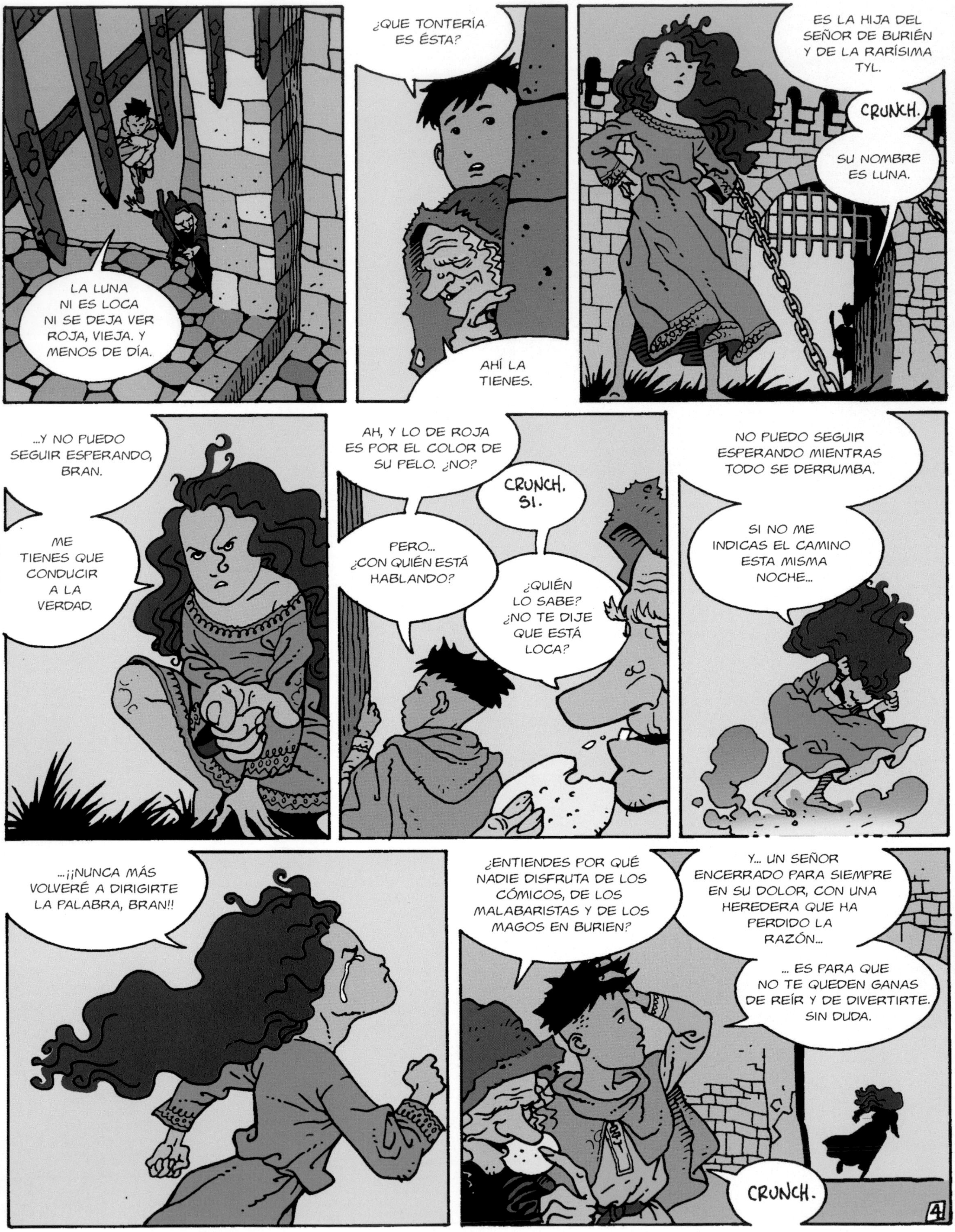
LA LUNA NI ES LOCA NI SE DEJA VER ROJA, VIEJA. Y MENOS DE DÍA.
¿QUE TONTERÍA ES ÉSTA?
AHÍ LA TIENES.
ES LA HIJA DEL SEÑOR DE BURIÉN Y DE LA RARÍSIMA TYL.
CRUNCH.
SU NOMBRE ES LUNA.
...Y NO PUEDO SEGUIR ESPERANDO, BRAN.
ME TIENES QUE CONDUCIR A LA VERDAD.
AH, Y LO DE ROJA ES POR EL COLOR DE SU PELO. ¿NO?
CRUNCH. SI.
PERO... ¿CON QUIÉN ESTÁ HABLANDO?
¿QUIÉN LO SABE? ¿NO TE DIJE QUE ESTÁ LOCA?
NO PUEDO SEGUIR ESPERANDO MIENTRAS TODO SE DERRUMBA.
SI NO ME INDICAS EL CAMINO ESTA MISMA NOCHE...
...¡¡NUNCA MÁS VOLVERÉ A DIRIGIRTE LA PALABRA, BRAN!!
¿ENTIENDES POR QUÉ NADIE DISFRUTA DE LOS CÓMICOS, DE LOS MALABARISTAS Y DE LOS MAGOS EN BURIEN?
Y... UN SEÑOR ENCERRADO PARA SIEMPRE EN SU DOLOR, CON UNA HEREDERA QUE HA PERDIDO LA RAZÓN...
... ES PARA QUE NO TE QUEDEN GANAS DE REÍR Y DE DIVERTIRTE. SIN DUDA.
CRUNCH.
4

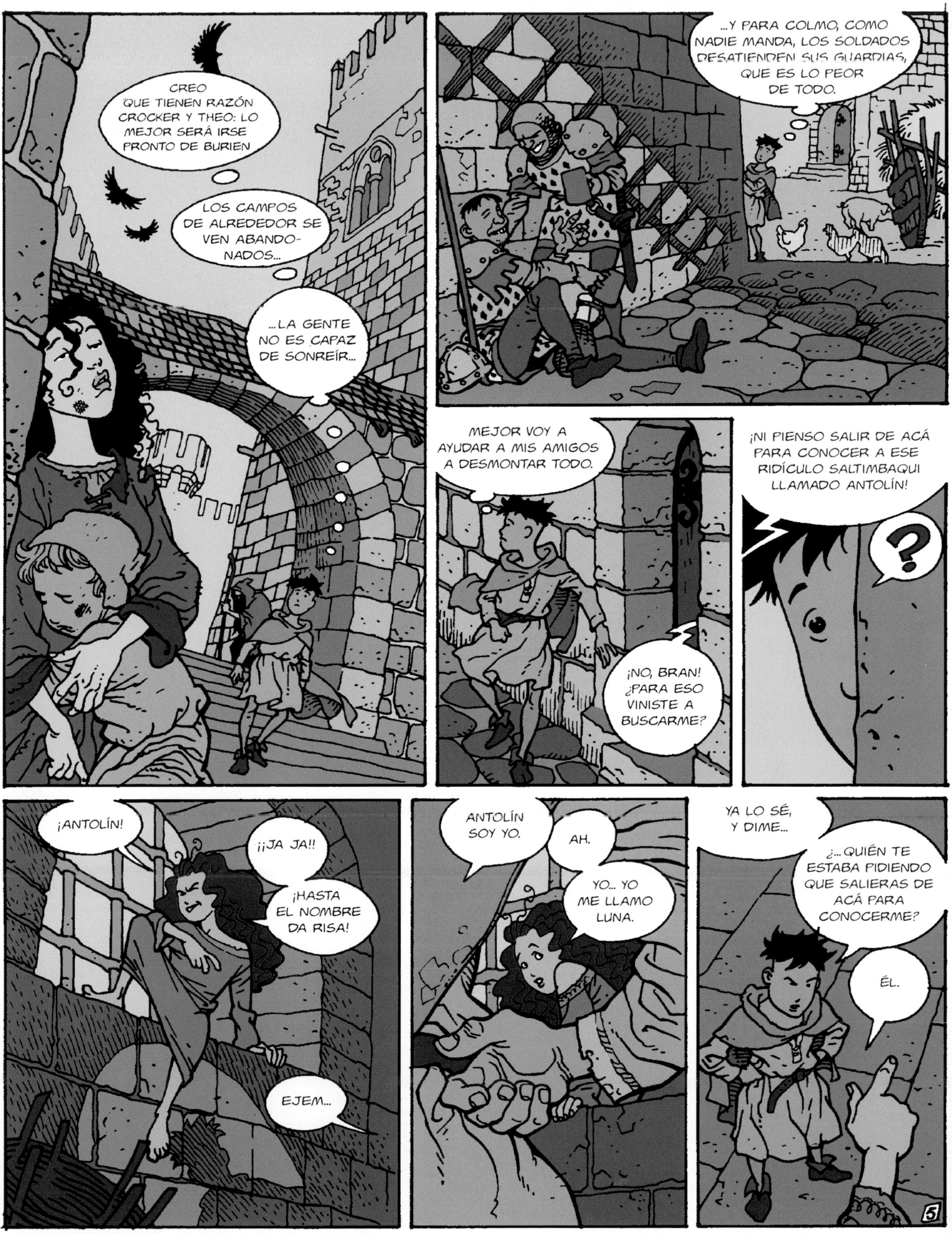
CREO QUE TIENEN RAZÓN CROCKER Y THEO: LO MEJOR SERÁ IRSE PRONTO DE BURIEN
LOS CAMPOS DE ALREDEDOR SE VEN ABANDONADOS...
...LA GENTE NO ES CAPAZ DE SONREÍR...
...Y PARA COLMO, COMO NADIE MANDA, LOS SOLDADOS DESATIENDEN SUS GUARDIAS, QUE ES LO PEOR DE TODO.
MEJOR VOY A AYUDAR A MIS AMIGOS A DESMONTAR TODO.
¡NO, BRAN! ¿PARA ESO VINISTE A BUSCARME?
¡NI PIENSO SALIR DE ACÁ PARA CONOCER A ESE RIDÍCULO SALTIMBAQUI LLAMADO ANTOLÍN!
?
¡ANTOLÍN!
¡¡JA JA!!
¡HASTA EL NOMBRE DA RISA!
EJEM...
ANTOLÍN SOY YO.
AH.
YO... YO ME LLAMO LUNA.
YA LO SÉ, Y DIME...
¿... QUIÉN TE ESTABA PIDIENDO QUE SALIERAS DE ACÁ PARA CONOCERME?
ÉL.
5

¿ÉL?

SÍ. SERÁ MEJOR QUE LOS PRESENTE...

... ANTOLÍN...

... BRAN.

OH.

(SERÁ MEJOR QUE LE SIGA LA CORRIENTE, CREO.)

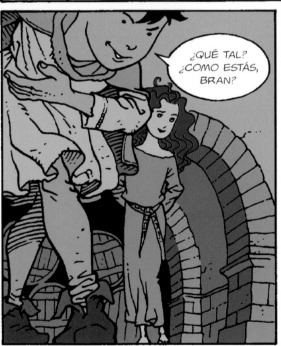

¿QUÉ TAL? ¿COMO ESTÁS, BRAN?

PERO...

¡AY!

¿¿...QUIÉN...??

Toc

¿CÓMO HICISTE -AY- ESE TRUCO?

A BRAN NO LE GUSTA QUE LOS EXTRAÑOS LO TUTEEN.

PARA TI ES "EXCELENTÍSIMO SEÑOR BRAN", ¿DE ACUERDO?

Y SI LO VUELVES A TRATAR CON TANTA FAMILIARIDAD, DICE QUE TE VA A HACER SALIR UN GRANO EN LA NARIZ.

PERO... HABLANDO EN SERIO, BRAN...

¿...TÚ CREES QUE ESTE MOCOSO RIDÍCULO Y YO TENEMOS QUE HACERNOS AMIGOS?

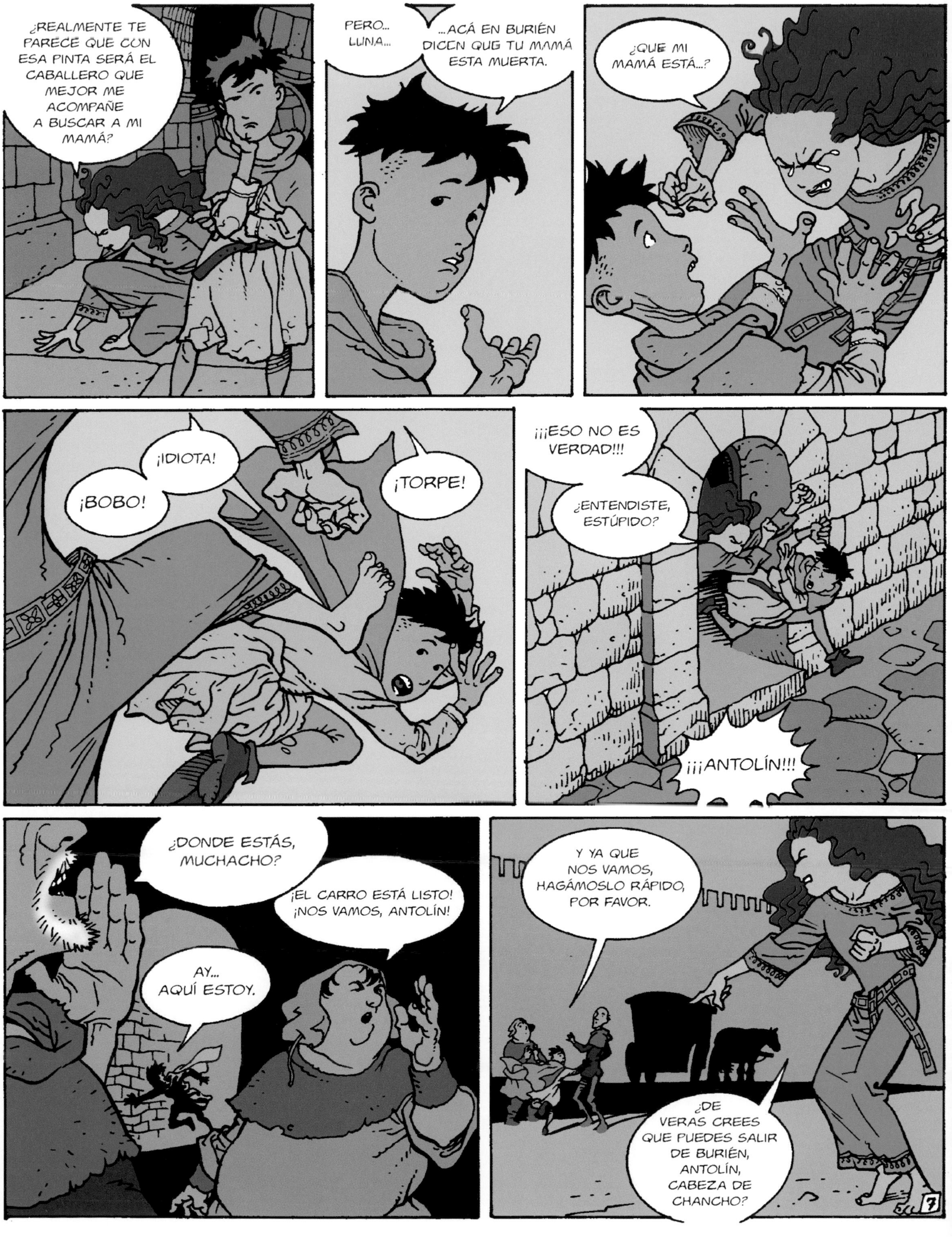
¿REALMENTE TE PARECE QUE CON ESA PINTA SERÁ EL CABALLERO QUE MEJOR ME ACOMPAÑE A BUSCAR A MI MAMÁ?
PERO... LUNA...
...ACÁ EN BURIÉN DICEN QUE TU MAMÁ ESTA MUERTA.
¿QUE MI MAMÁ ESTÁ...?
¡BOBO!
¡IDIOTA!
¡TORPE!
¡¡¡ESO NO ES VERDAD!!!
¿ENTENDISTE, ESTÚPIDO?
¡¡¡ANTOLÍN!!!
¿DONDE ESTÁS, MUCHACHO?
¡EL CARRO ESTÁ LISTO! ¡NOS VAMOS, ANTOLÍN!
AY... AQUÍ ESTOY.
Y YA QUE NOS VAMOS, HAGÁMOSLO RÁPIDO, POR FAVOR.
¿DE VERAS CREES QUE PUEDES SALIR DE BURIÉN, ANTOLÍN, CABEZA DE CHANCHO?
7

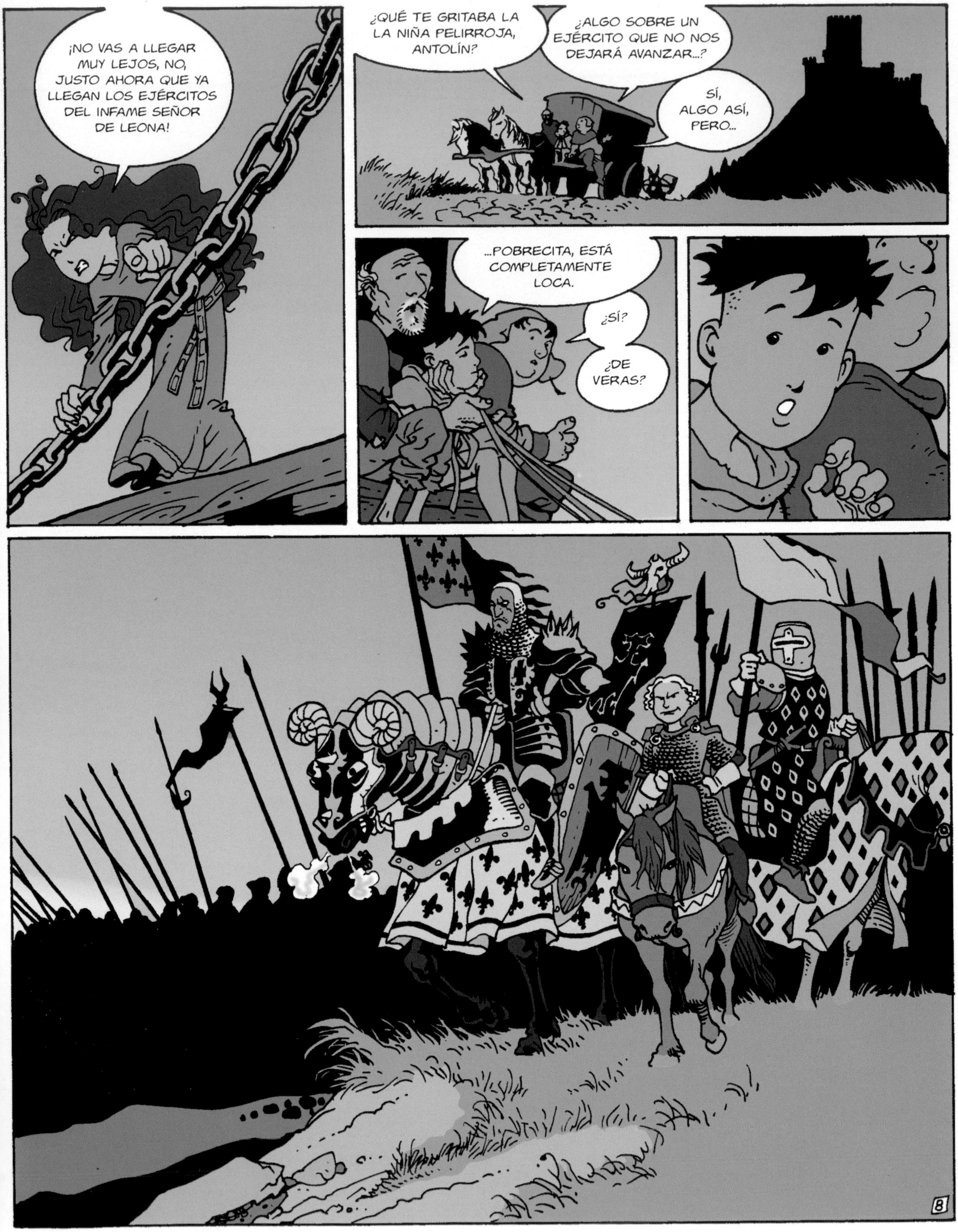
¡NO VAS A LLEGAR MUY LEJOS, NO, JUSTO AHORA QUE YA LLEGAN LOS EJÉRCITOS DEL INFAME SEÑOR DE LEONA!
¿QUÉ TE GRITABA LA LA NIÑA PELIRROJA, ANTOLÍN?
¿ALGO SOBRE UN EJÉRCITO QUE NO NOS DEJARÁ AVANZAR...?
SÍ, ALGO ASÍ, PERO...
...POBRECITA, ESTÁ COMPLETAMENTE LOCA.
¿SÍ?
¿DE VERAS?
8

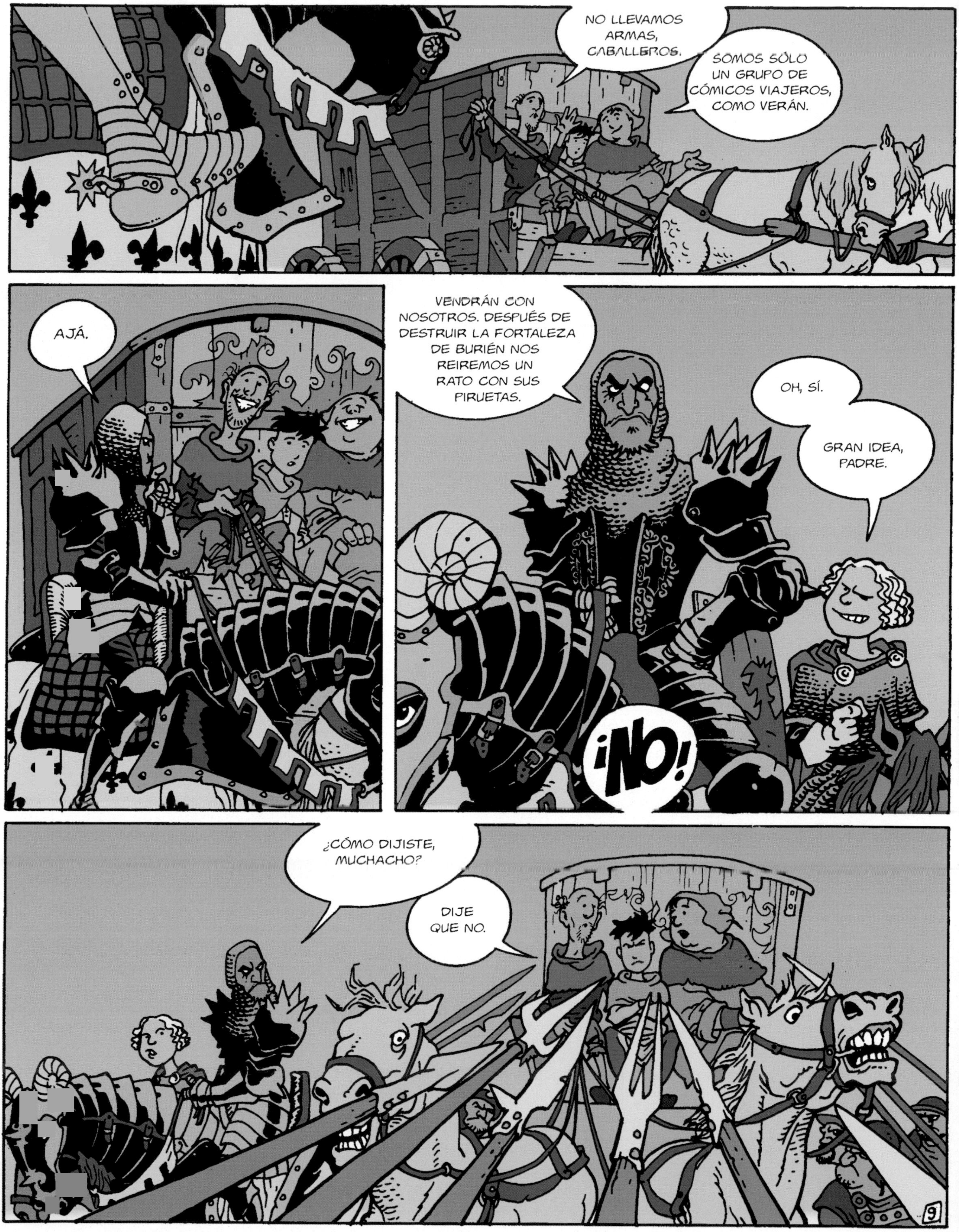
NO LLEVAMOS ARMAS, CABALLEROS.
SOMOS SÓLO UN GRUPO DE CÓMICOS VIAJEROS, COMO VERÁN.
AJÁ.
VENDRÁN CON NOSOTROS. DESPUÉS DE DESTRUIR LA FORTALEZA DE BURIÉN NOS REIREMOS UN RATO CON SUS PIRUETAS.
OH, SÍ.
GRAN IDEA, PADRE.
¡NO!
¿CÓMO DIJISTE, MUCHACHO?
DIJE QUE NO.
9

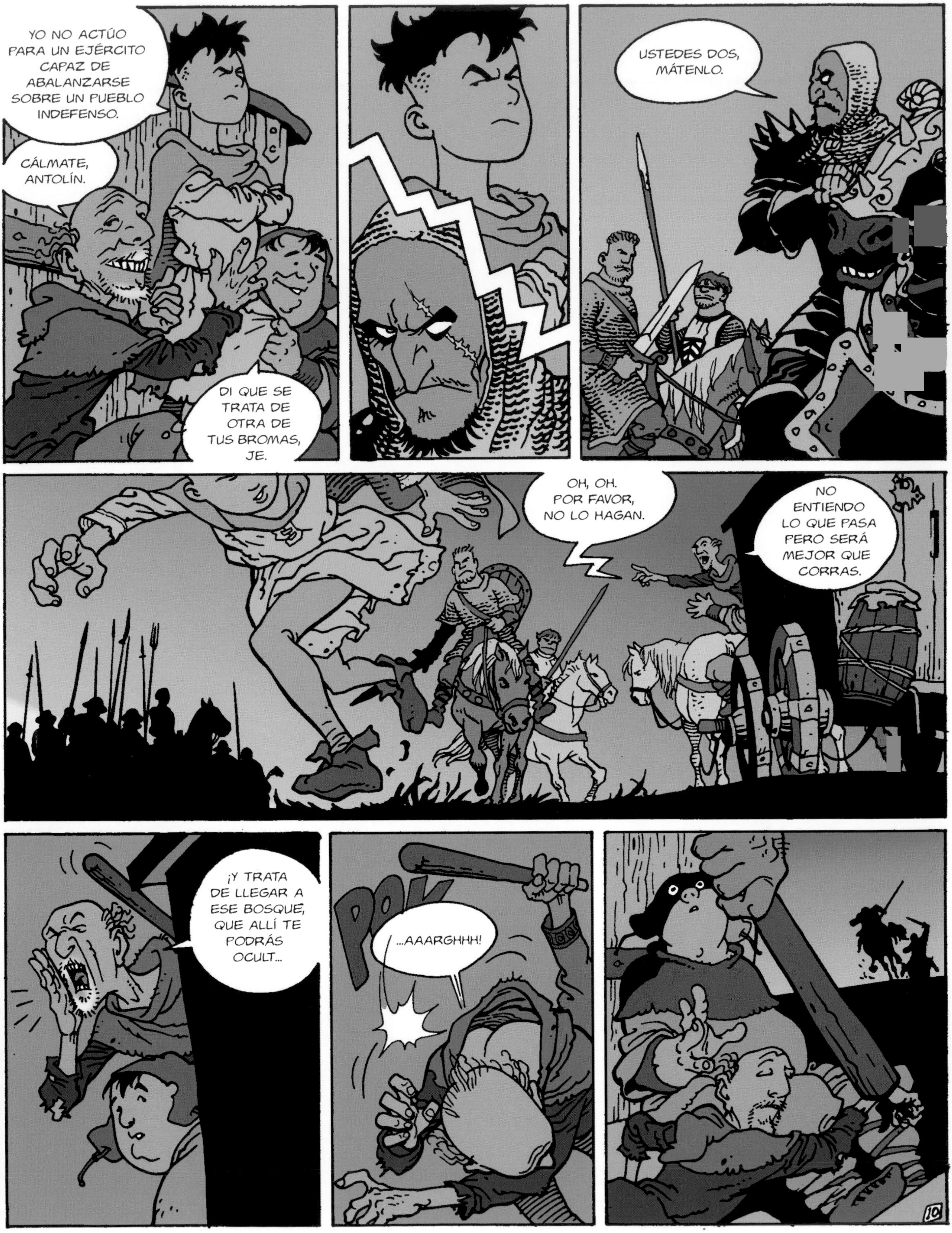
YO NO ACTÚO PARA UN EJÉRCITO CAPAZ DE ABALANZARSE SOBRE UN PUEBLO INDEFENSO.
CÁLMATE, ANTOLÍN.
DI QUE SE TRATA DE OTRA DE TUS BROMAS, JE.
USTEDES DOS, MÁTENLO.
OH, OH. POR FAVOR, NO LO HAGAN.
NO ENTIENDO LO QUE PASA PERO SERÁ MEJOR QUE CORRAS.
¡Y TRATA DE LLEGAR A ESE BOSQUE, QUE ALLÍ TE PODRÁS OCULT...
POK
...AAARGHHH!
10

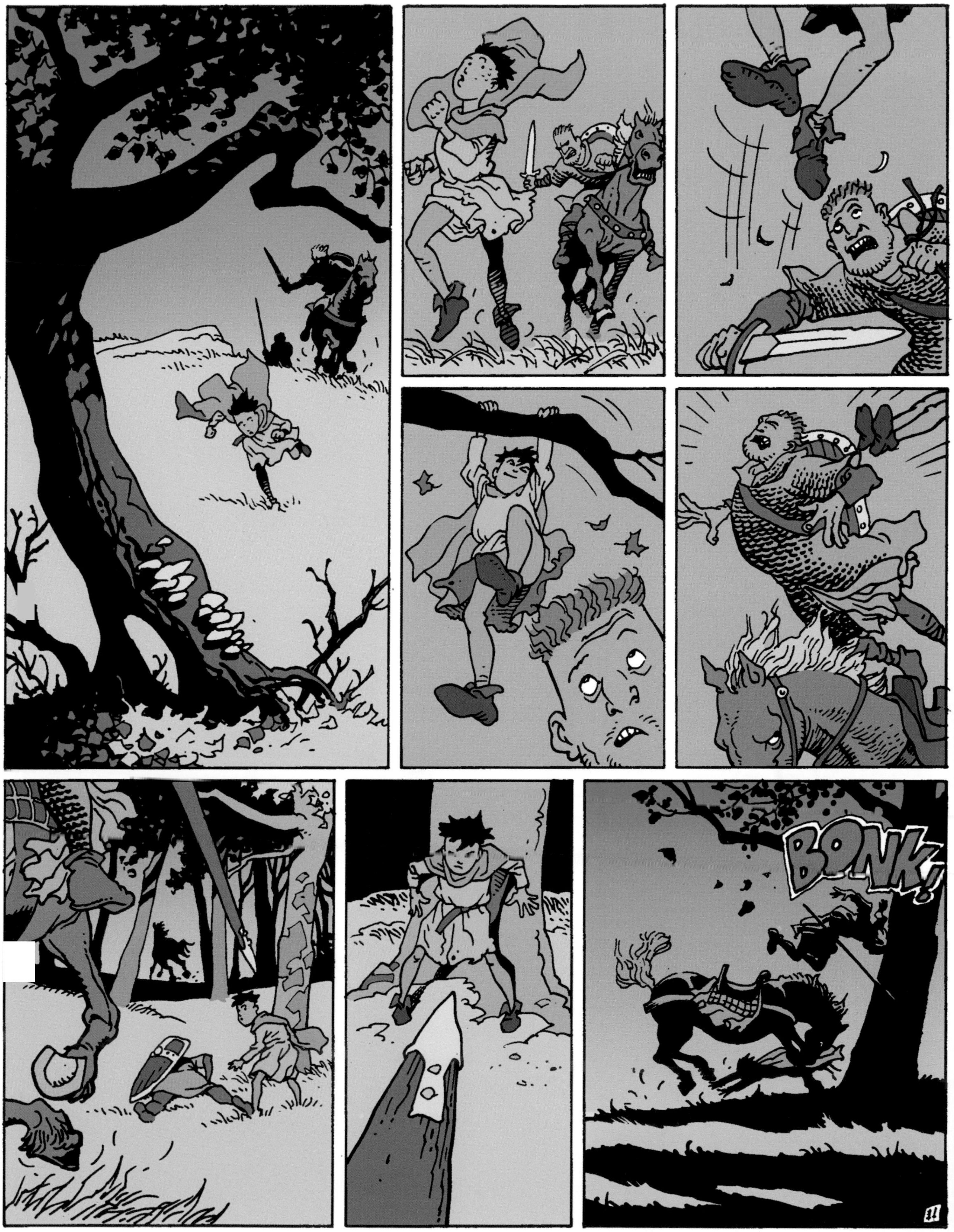
BONK!

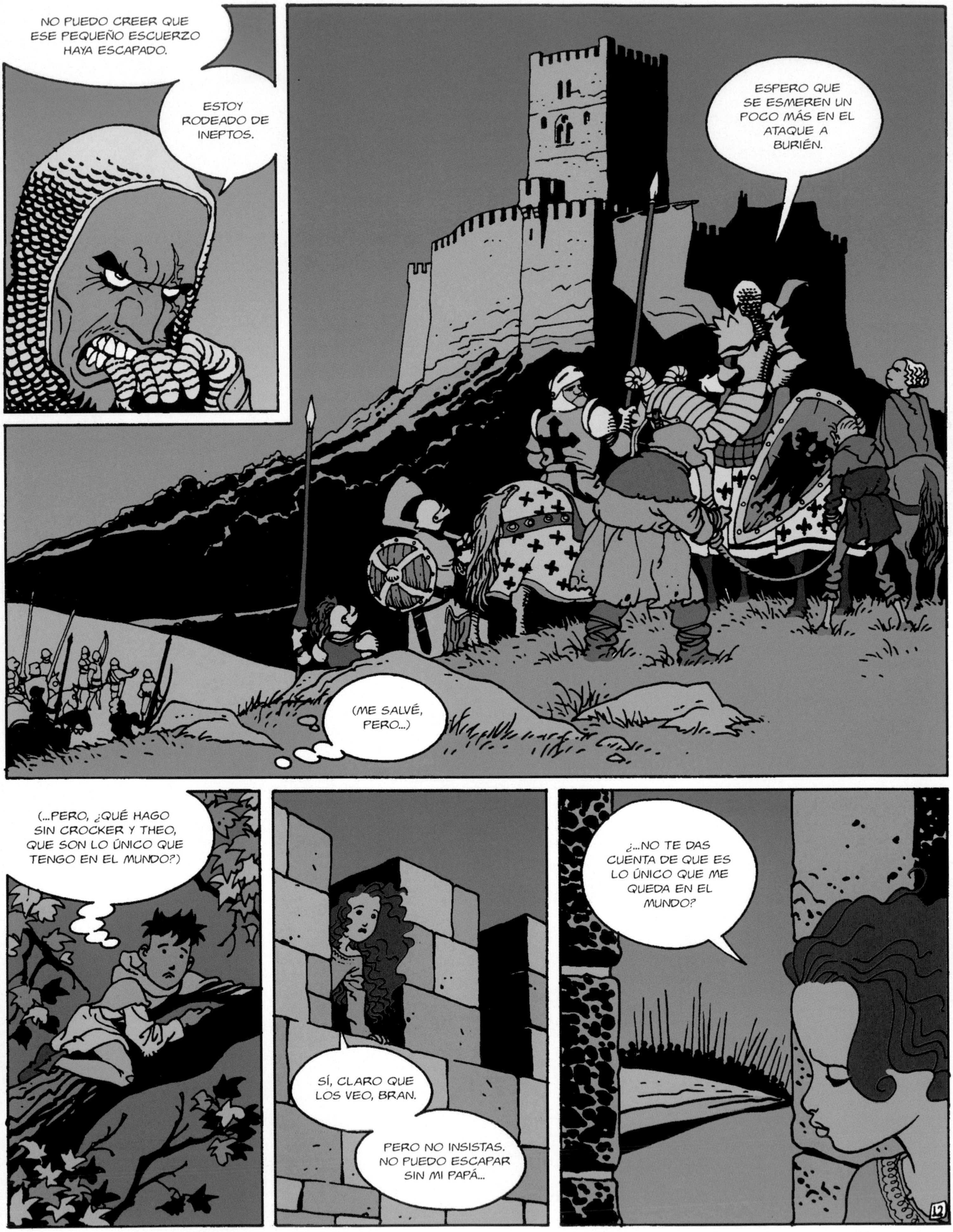
NO PUEDO CREER QUE ESE PEQUEÑO ESCUERZO HAYA ESCAPADO.
ESTOY RODEADO DE INEPTOS.
ESPERO QUE SE ESMEREN UN POCO MÁS EN EL ATAQUE A BURIÉN.
(ME SALVÉ, PERO...)
(...PERO, ¿QUÉ HAGO SIN CROCKER Y THEO, QUE SON LO ÚNICO QUE TENGO EN EL MUNDO?)
SÍ, CLARO QUE LOS VEO, BRAN.
PERO NO INSISTAS. NO PUEDO ESCAPAR SIN MI PAPÁ...
¿...NO TE DAS CUENTA DE QUE ES LO ÚNICO QUE ME QUEDA EN EL MUNDO?
12

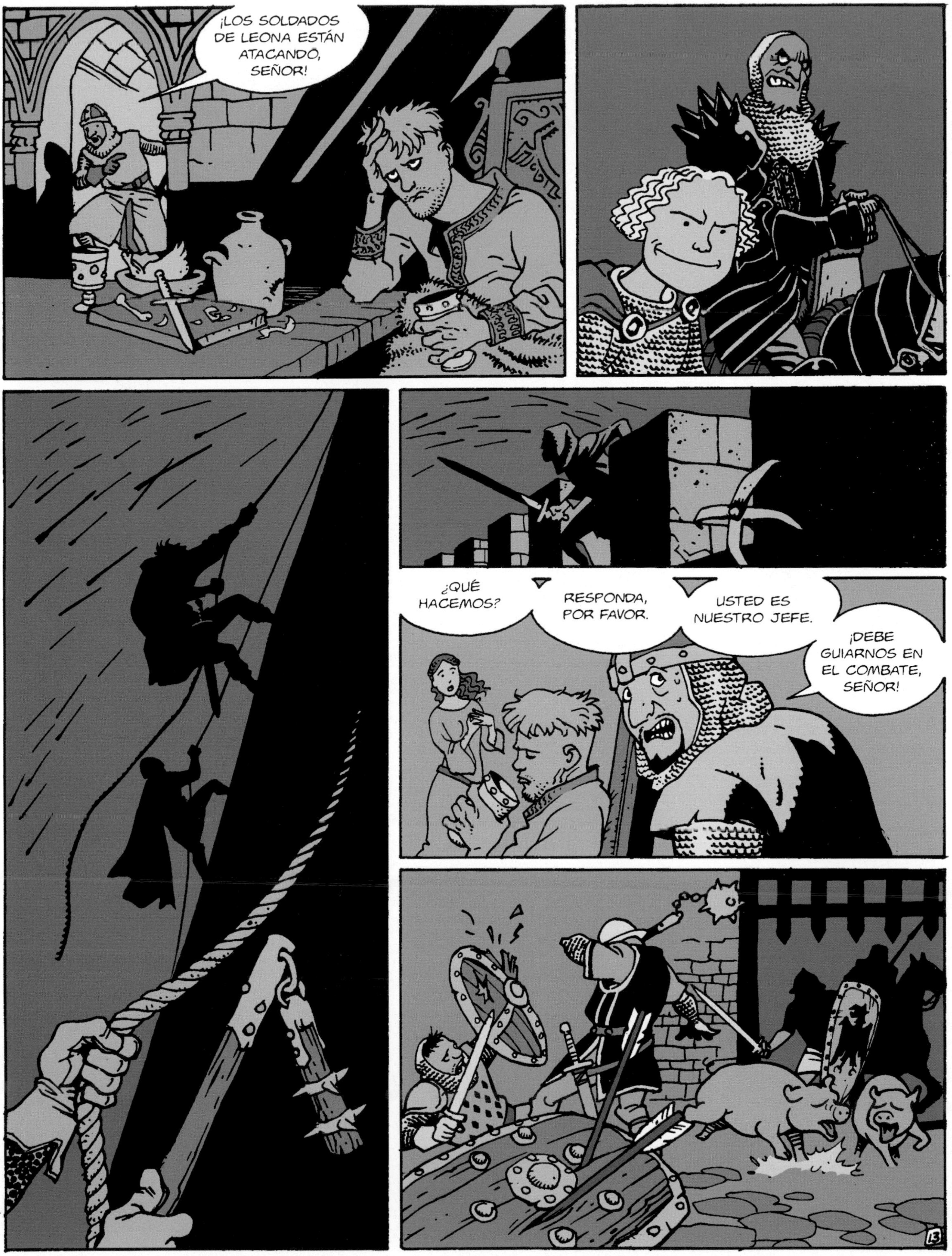
¡LOS SOLDADOS DE LEONA ESTÁN ATACANDO, SEÑOR!
¿QUÉ HACEMOS?
RESPONDA, POR FAVOR.
USTED ES NUESTRO JEFE.
¡DEBE GUIARNOS EN EL COMBATE, SEÑOR!

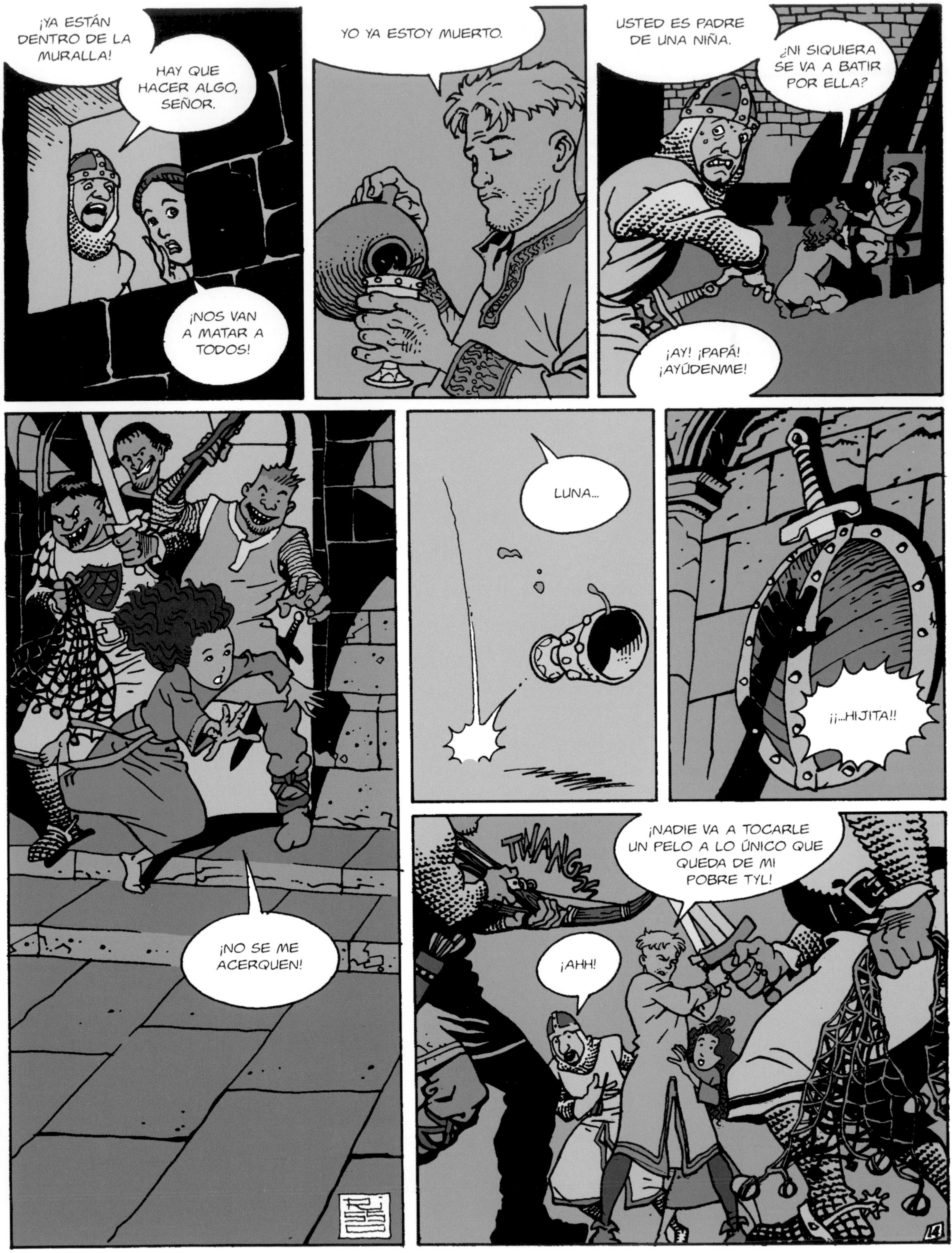
¡YA ESTÁN DENTRO DE LA MURALLA!
HAY QUE HACER ALGO, SEÑOR.
¡NOS VAN A MATAR A TODOS!
YO YA ESTOY MUERTO.
USTED ES PADRE DE UNA NIÑA.
¿NI SIQUIERA SE VA A BATIR POR ELLA?
¡AY! ¡PAPÁ! ¡AYÚDENME!
¡NO SE ME ACERQUEN!
LUNA...
¡¡...HIJITA!!
TWANGG
¡NADIE VA A TOCARLE UN PELO A LO ÚNICO QUE QUEDA DE MI POBRE TYL!
¡AHH!

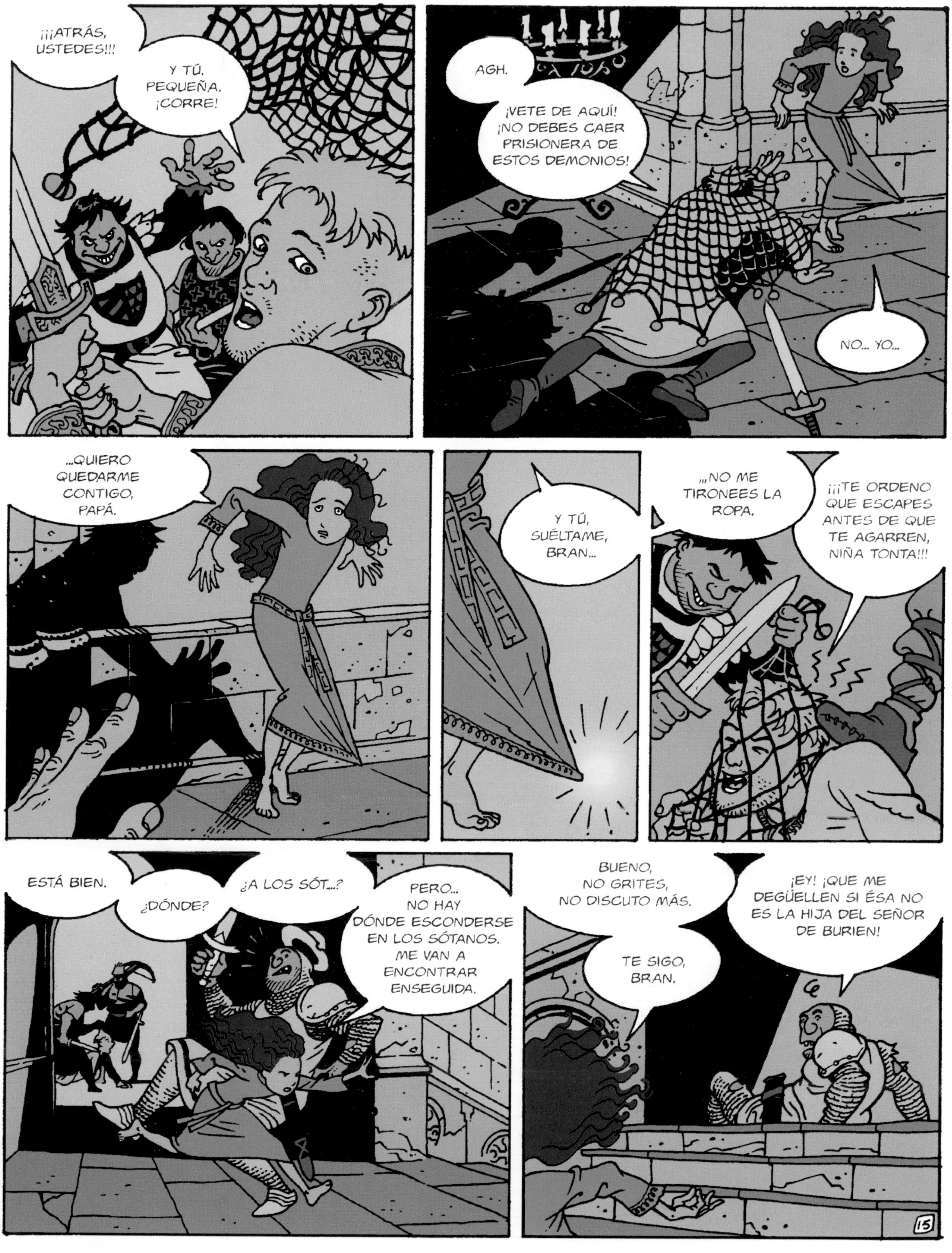

¡¡¡ATRÁS, USTEDES!!!
Y TÚ. PEQUEÑA. ¡CORRE!
AGH.
¡VETE DE AQUÍ! ¡NO DEBES CAER PRISIONERA DE ESTOS DEMONIOS!
NO... YO...
...QUIERO QUEDARME CONTIGO, PAPÁ.
Y TÚ, SUÉLTAME, BRAN...
...NO ME TIRONEES LA ROPA.
¡¡¡TE ORDENO QUE ESCAPES ANTES DE QUE TE AGARREN, NIÑA TONTA!!!
ESTÁ BIEN.
¿DÓNDE?
¿A LOS SÓT...?
PERO... NO HAY DÓNDE ESCONDERSE EN LOS SÓTANOS. ME VAN A ENCONTRAR ENSEGUIDA.
BUENO, NO GRITES, NO DISCUTO MÁS.
TE SIGO, BRAN.
¡EY! ¡QUE ME DEGÜELLEN SI ÉSA NO ES LA HIJA DEL SEÑOR DE BURIEN!
15

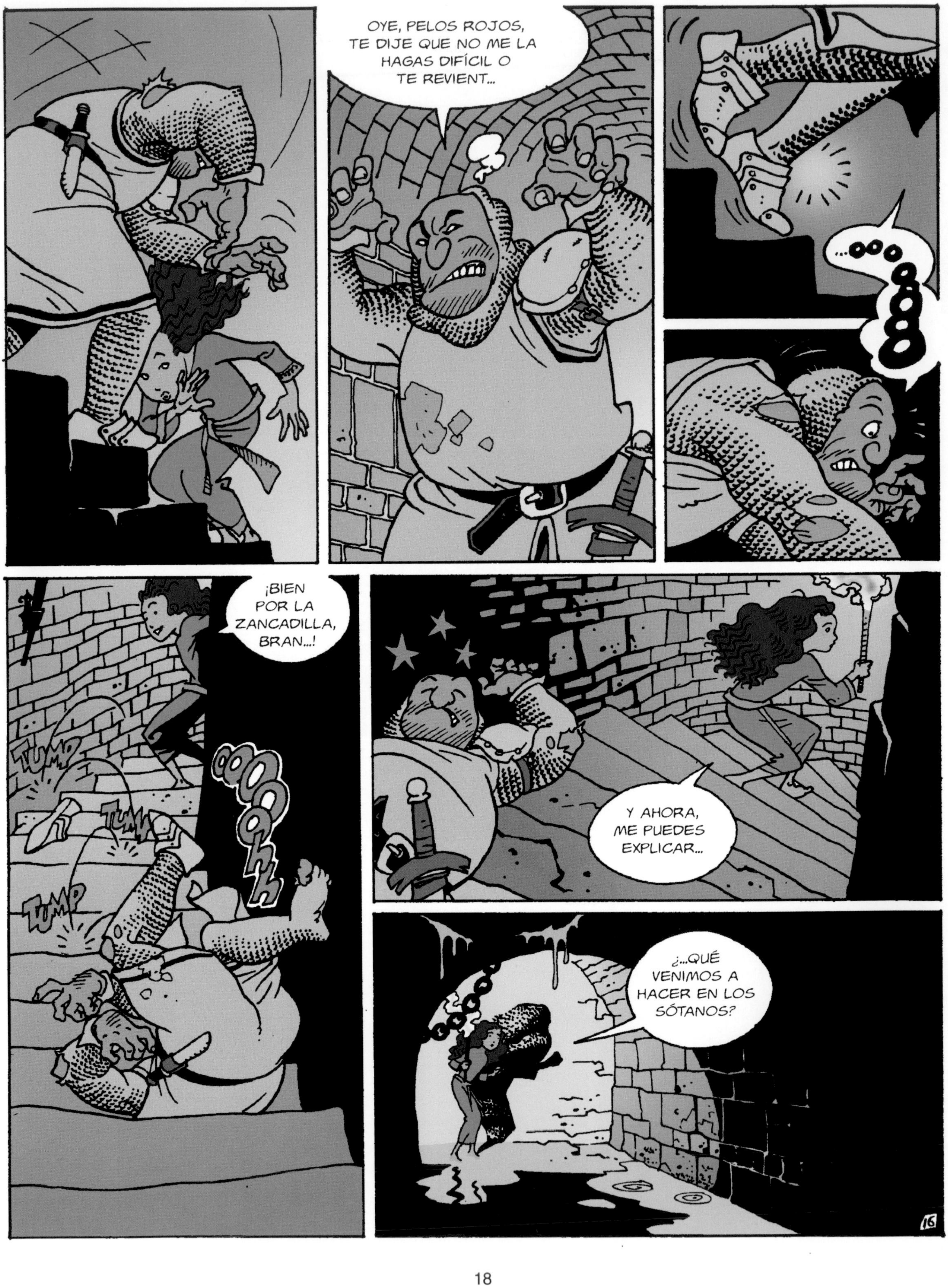

OYE, PELOS ROJOS, TE DIJE QUE NO ME LA HAGAS DIFÍCIL O TE REVIENT...
...OOOOOOO
¡BIEN POR LA ZANCADILLA, BRAN...!
TUMP
TUMP
TUMP
OOOOOhh
Y AHORA, ME PUEDES EXPLICAR...
¿...QUÉ VENIMOS A HACER EN LOS SÓTANOS?
16

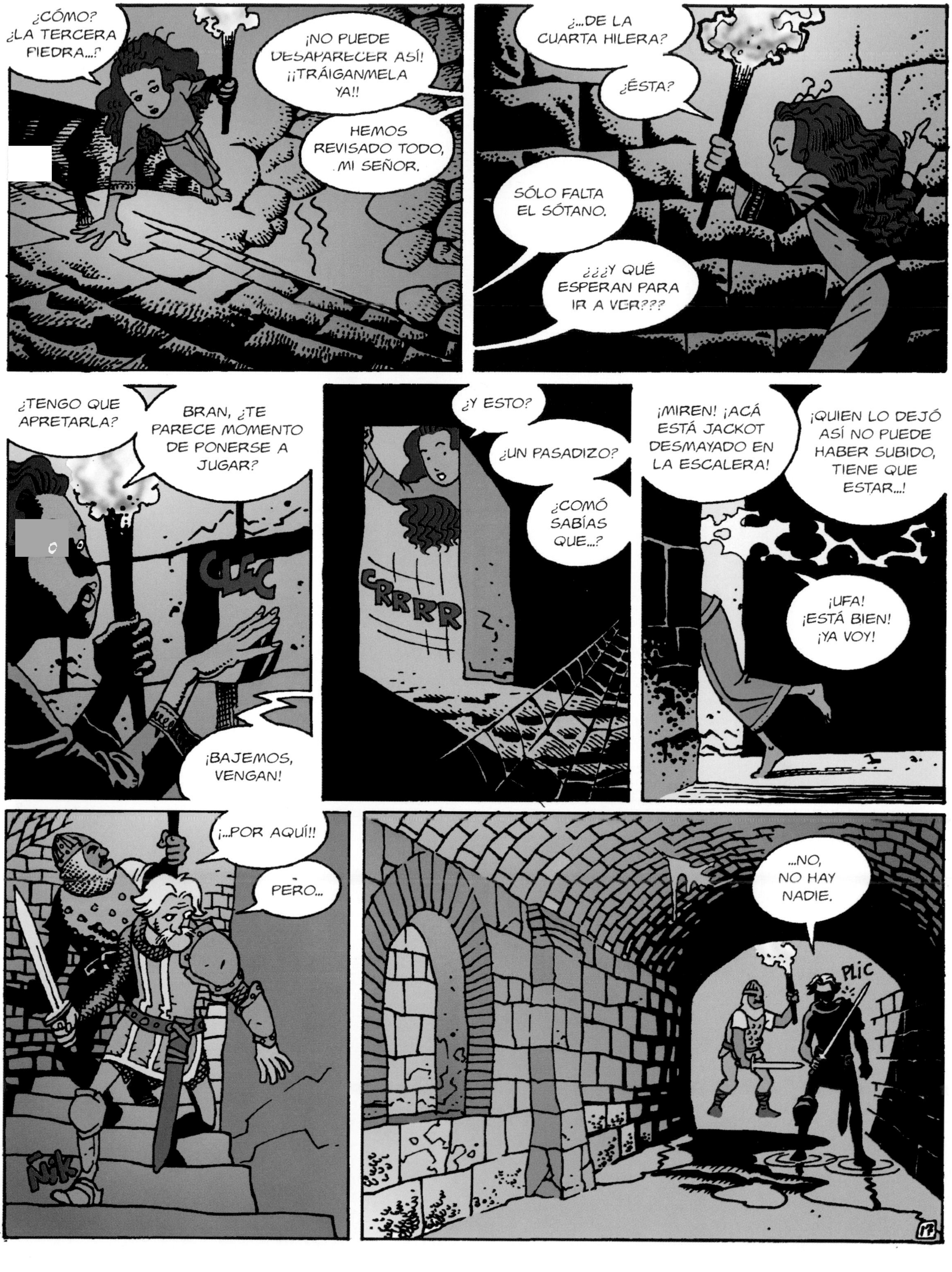
¿CÓMO? ¿LA TERCERA PIEDRA...?
¡NO PUEDE DESAPARECER ASÍ! ¡¡TRÁIGANMELA YA!!
HEMOS REVISADO TODO, MI SEÑOR.
¿...DE LA CUARTA HILERA?
¿ÉSTA?
SÓLO FALTA EL SÓTANO.
¿¿¿Y QUÉ ESPERAN PARA IR A VER???
¿TENGO QUE APRETARLA?
BRAN, ¿TE PARECE MOMENTO DE PONERSE A JUGAR?
CLEC
¡BAJEMOS, VENGAN!
¿Y ESTO?
¿UN PASADIZO?
¿CÓMO SABÍAS QUE...?
CRRRRR
¡MIREN! ¡ACÁ ESTÁ JACKOT DESMAYADO EN LA ESCALERA!
¡QUIEN LO DEJÓ ASÍ NO PUEDE HABER SUBIDO, TIENE QUE ESTAR...!
¡UFA! ¡ESTÁ BIEN! ¡YA VOY!
¡...POR AQUÍ!!
PERO...
...NO, NO HAY NADIE.
PLIC

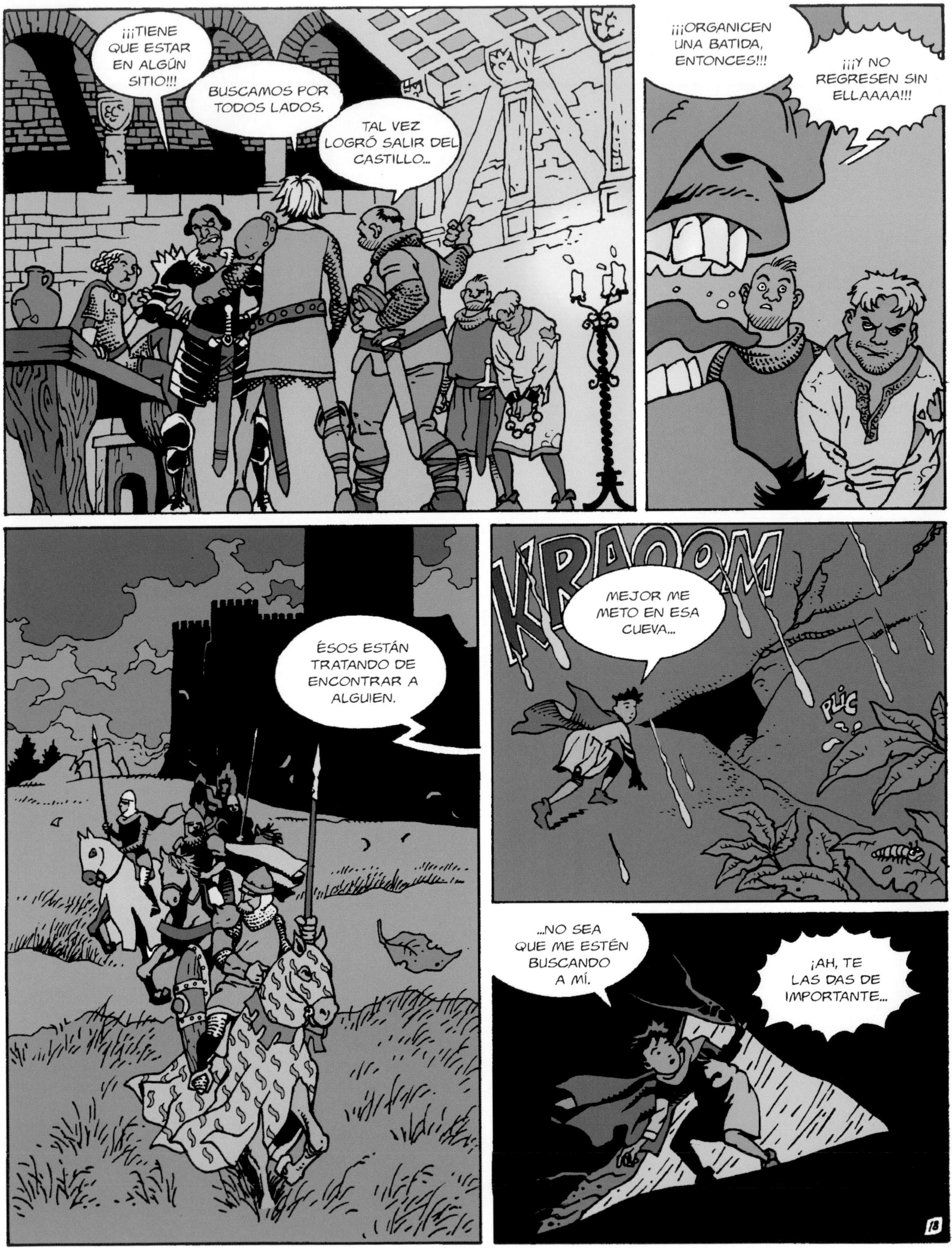
¡¡¡TIENE QUE ESTAR EN ALGÚN SITIO!!!
BUSCAMOS POR TODOS LADOS.
TAL VEZ LOGRÓ SALIR DEL CASTILLO...
¡¡¡ORGANICEN UNA BATIDA, ENTONCES!!!
¡¡¡Y NO REGRESEN SIN ELLAAAA!!!
ÉSOS ESTÁN TRATANDO DE ENCONTRAR A ALGUIEN.
KRAOOM
MEJOR ME METO EN ESA CUEVA...
PLIC
...NO SEA QUE ME ESTÉN BUSCANDO A MÍ.
¡AH, TE LAS DAS DE IMPORTANTE...

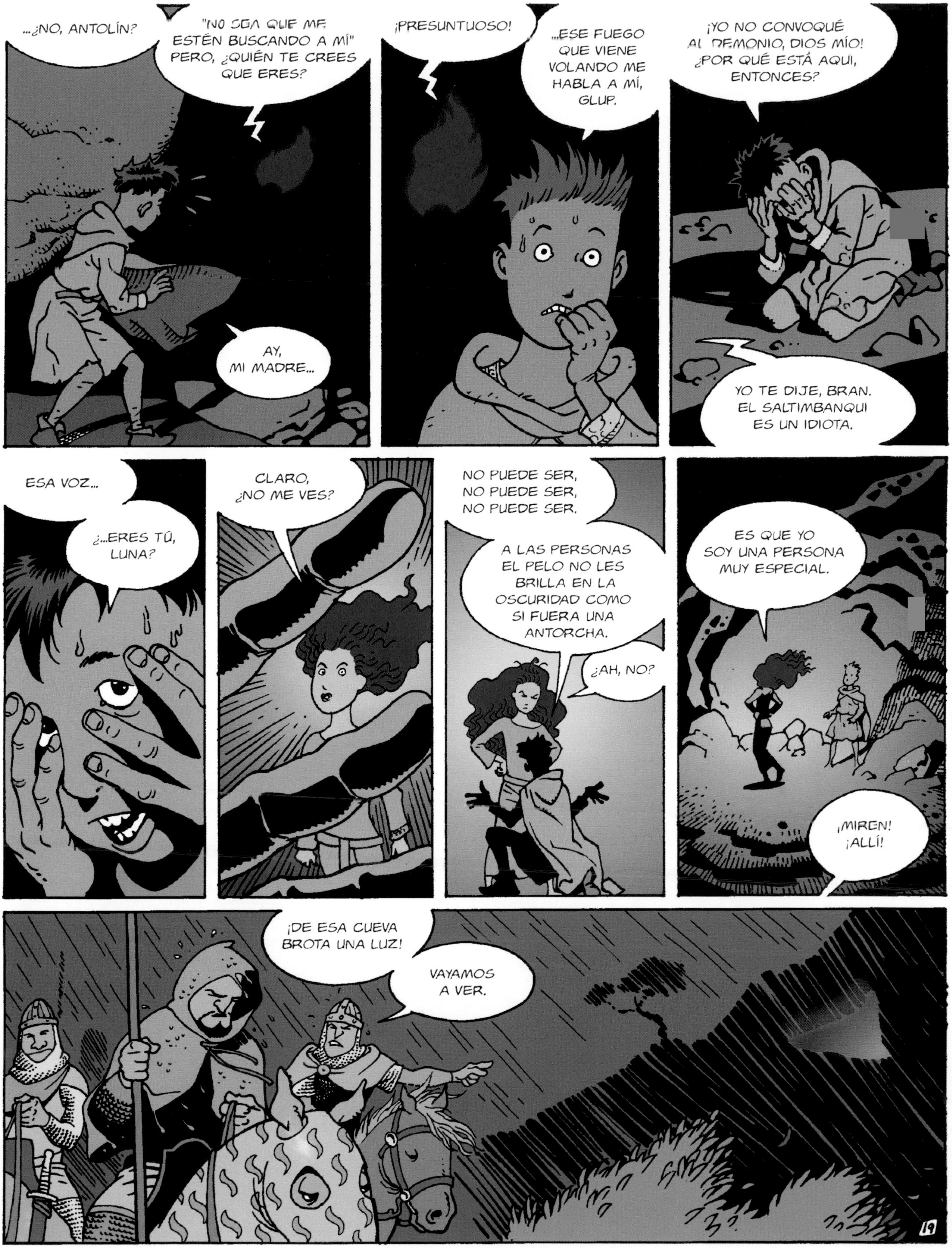
...¿NO, ANTOLÍN?
"NO SEA QUE ME ESTÉN BUSCANDO A MÍ" PERO, ¿QUIÉN TE CREES QUE ERES?
AY, MI MADRE...
¡PRESUNTUOSO!
...ESE FUEGO QUE VIENE VOLANDO ME HABLA A MÍ, GLUP.
¡YO NO CONVOQUÉ AL DEMONIO, DIOS MÍO! ¿POR QUÉ ESTÁ AQUÍ, ENTONCES?
YO TE DIJE, BRAN. EL SALTIMBANQUI ES UN IDIOTA.
ESA VOZ...
¿...ERES TÚ, LUNA?
CLARO, ¿NO ME VES?
NO PUEDE SER, NO PUEDE SER, NO PUEDE SER.
A LAS PERSONAS EL PELO NO LES BRILLA EN LA OSCURIDAD COMO SI FUERA UNA ANTORCHA.
¿AH, NO?
ES QUE YO SOY UNA PERSONA MUY ESPECIAL.
¡MIREN! ¡ALLÍ!
¡DE ESA CUEVA BROTA UNA LUZ!
VAYAMOS A VER.
19

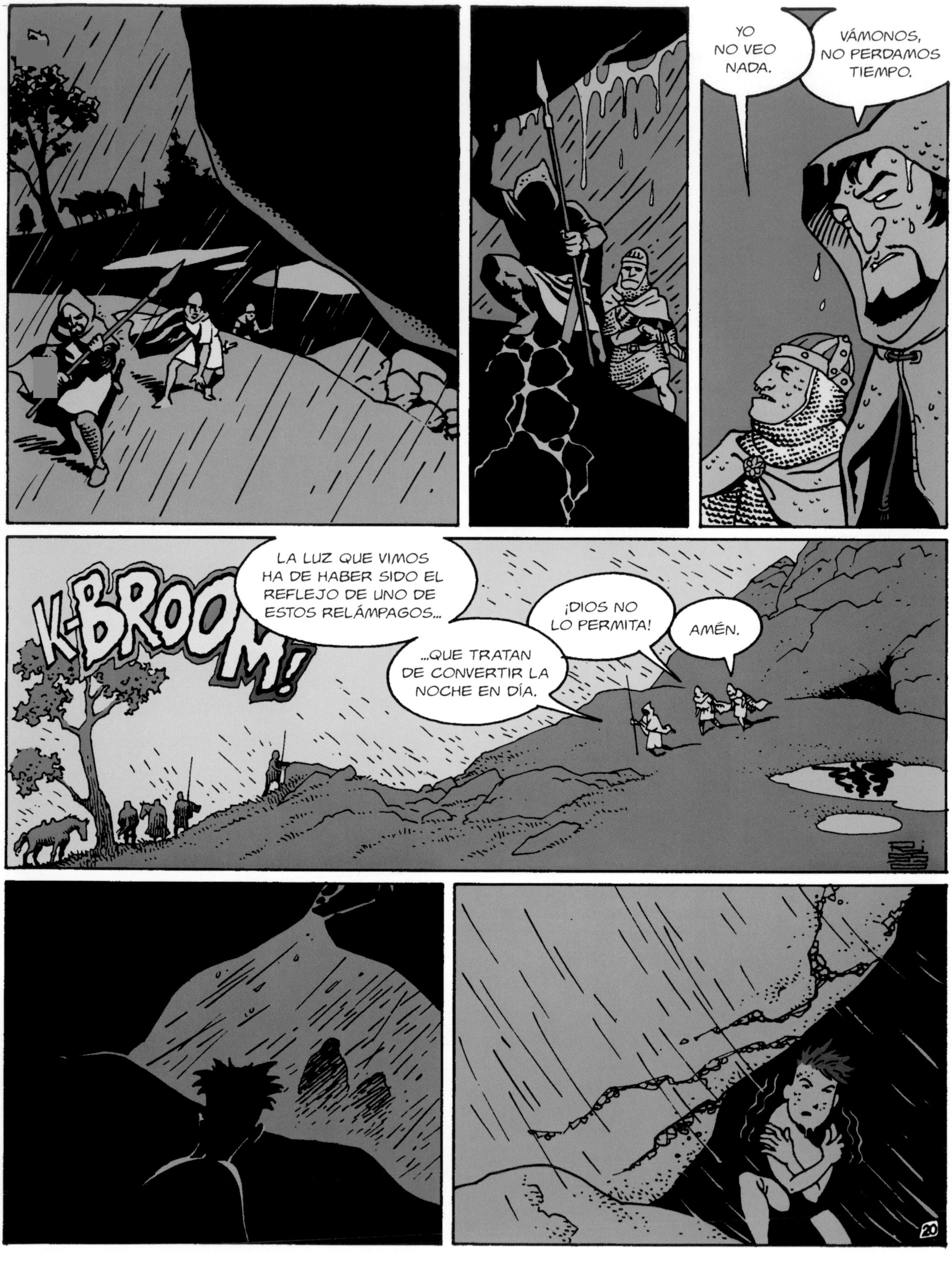
YO NO VEO NADA.
VÁMONOS, NO PERDAMOS TIEMPO.
K-BROOM!
LA LUZ QUE VIMOS HA DE HABER SIDO EL REFLEJO DE UNO DE ESTOS RELÁMPAGOS...
...QUE TRATAN DE CONVERTIR LA NOCHE EN DÍA.
¡DIOS NO LO PERMITA!
AMÉN.
20

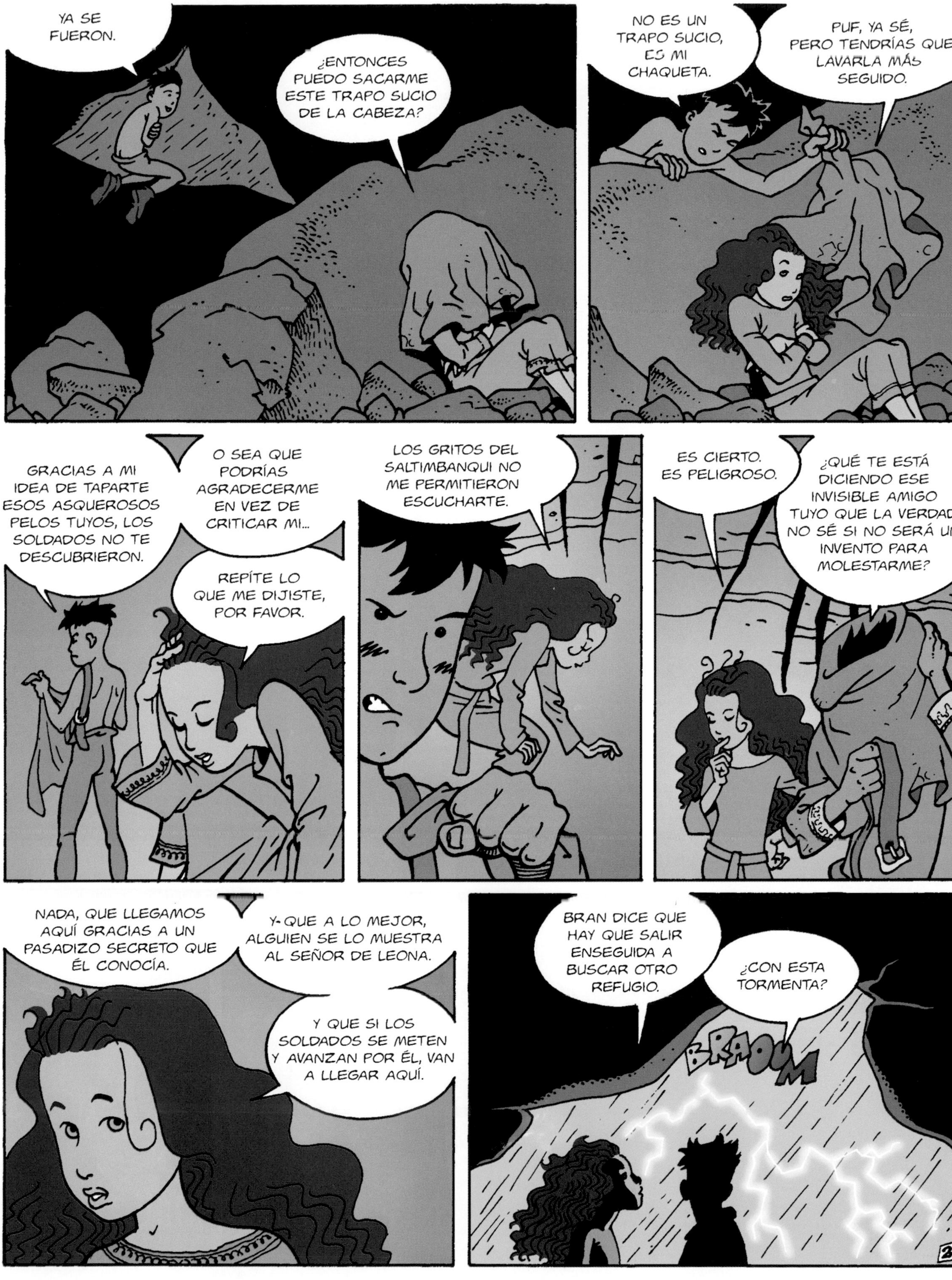
YA SE FUERON.
¿ENTONCES PUEDO SACARME ESTE TRAPO SUCIO DE LA CABEZA?
NO ES UN TRAPO SUCIO, ES MI CHAQUETA.
PUF, YA SÉ, PERO TENDRÍAS QUE LAVARLA MÁS SEGUIDO.
GRACIAS A MI IDEA DE TAPARTE ESOS ASQUEROSOS PELOS TUYOS, LOS SOLDADOS NO TE DESCUBRIERON.
O SEA QUE PODRÍAS AGRADECERME EN VEZ DE CRITICAR MI...
REPÍTE LO QUE ME DIJISTE, POR FAVOR.
LOS GRITOS DEL SALTIMBANQUI NO ME PERMITIERON ESCUCHARTE.
ES CIERTO. ES PELIGROSO.
¿QUÉ TE ESTÁ DICIENDO ESE INVISIBLE AMIGO TUYO QUE LA VERDAD NO SÉ SI NO SERÁ UN INVENTO PARA MOLESTARME?
NADA, QUE LLEGAMOS AQUÍ GRACIAS A UN PASADIZO SECRETO QUE ÉL CONOCÍA.
Y QUE A LO MEJOR, ALGUIEN SE LO MUESTRA AL SEÑOR DE LEONA.
Y QUE SI LOS SOLDADOS SE METEN Y AVANZAN POR ÉL, VAN A LLEGAR AQUÍ.
BRAN DICE QUE HAY QUE SALIR ENSEGUIDA A BUSCAR OTRO REFUGIO.
¿CON ESTA TORMENTA?
BRAOUM
21

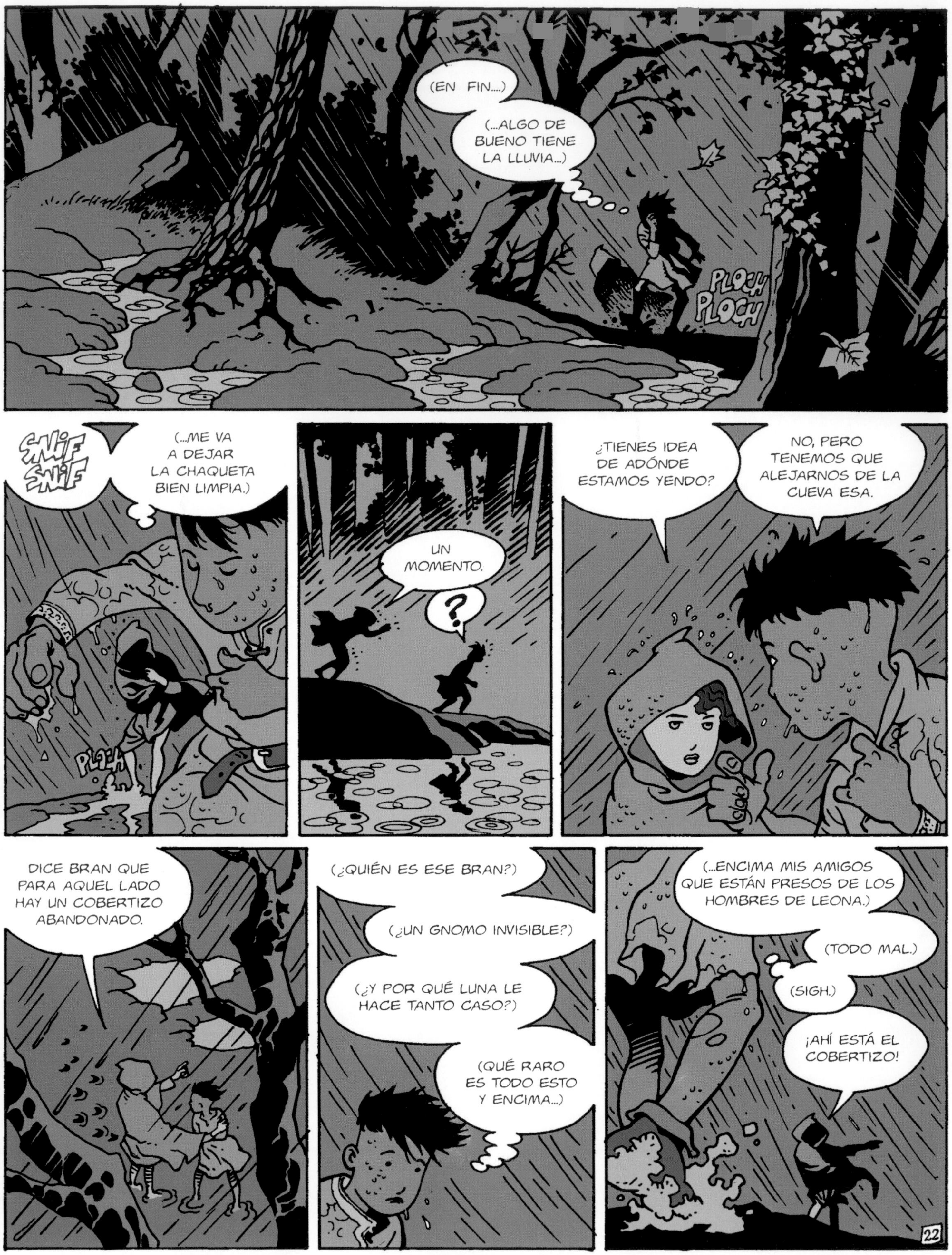

(EN FIN....)
(...ALGO DE BUENO TIENE LA LLUVIA...)
PLOCH PLOCH
SNIF SNIF
(...ME VA A DEJAR LA CHAQUETA BIEN LIMPIA.)
PLOCH
UN MOMENTO.
?
¿TIENES IDEA DE ADÓNDE ESTAMOS YENDO?
NO, PERO TENEMOS QUE ALEJARNOS DE LA CUEVA ESA.
DICE BRAN QUE PARA AQUEL LADO HAY UN COBERTIZO ABANDONADO.
(¿QUIÉN ES ESE BRAN?)
(¿UN GNOMO INVISIBLE?)
(¿Y POR QUÉ LUNA LE HACE TANTO CASO?)
(QUÉ RARO ES TODO ESTO Y ENCIMA...)
(...ENCIMA MIS AMIGOS QUE ESTÁN PRESOS DE LOS HOMBRES DE LEONA.)
(TODO MAL.)
(SIGH.)
¡AHÍ ESTÁ EL COBERTIZO!
22

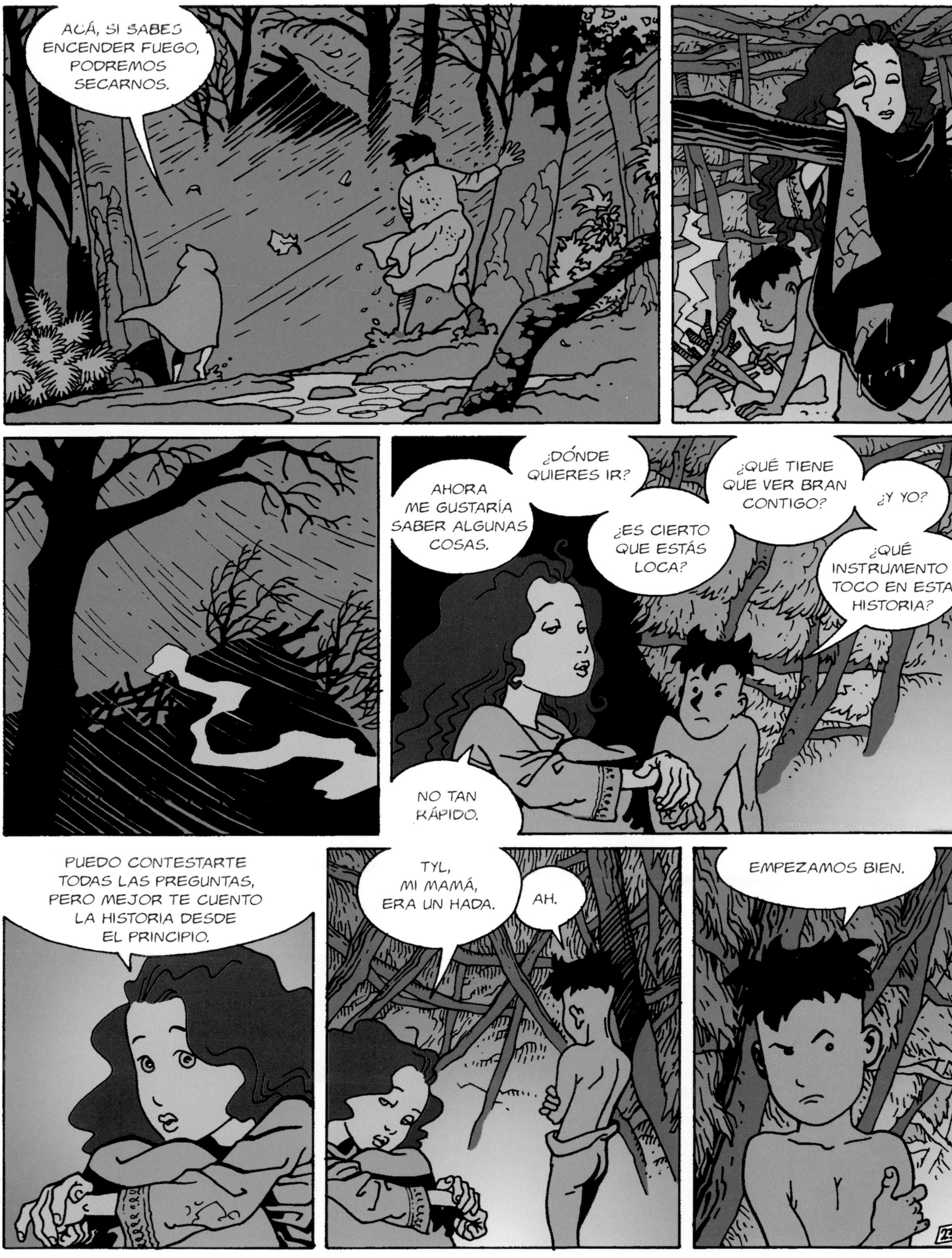
ACÁ, SI SABES ENCENDER FUEGO, PODREMOS SECARNOS.
AHORA ME GUSTARÍA SABER ALGUNAS COSAS.
¿DÓNDE QUIERES IR?
¿ES CIERTO QUE ESTÁS LOCA?
¿QUÉ TIENE QUE VER BRAN CONTIGO?
¿Y YO?
¿QUÉ INSTRUMENTO TOCO EN ESTA HISTORIA?
NO TAN RÁPIDO.
PUEDO CONTESTARTE TODAS LAS PREGUNTAS, PERO MEJOR TE CUENTO LA HISTORIA DESDE EL PRINCIPIO.
TYL, MI MAMÁ, ERA UN HADA.
AH.
EMPEZAMOS BIEN.
23

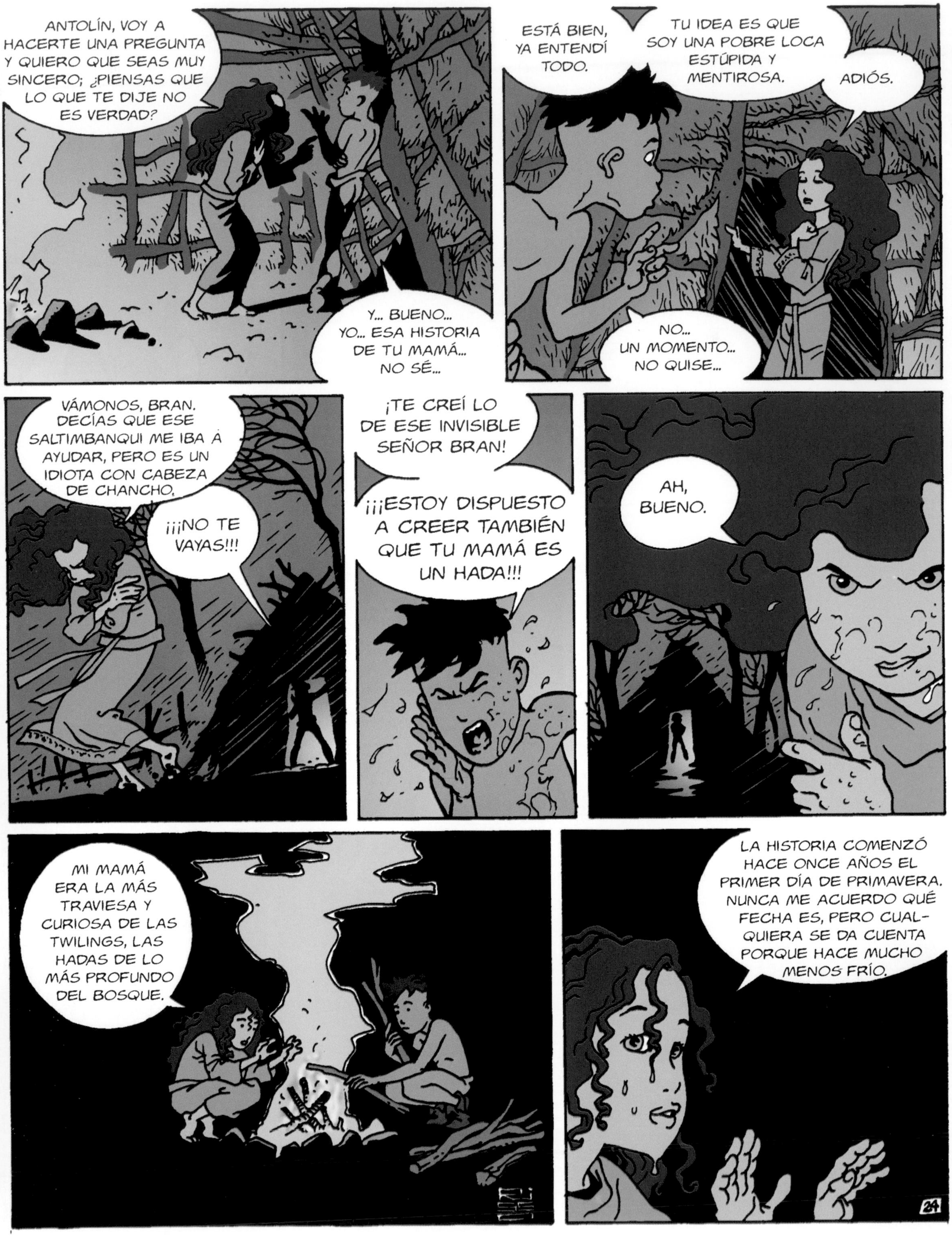
ANTOLÍN, VOY A HACERTE UNA PREGUNTA Y QUIERO QUE SEAS MUY SINCERO; ¿PIENSAS QUE LO QUE TE DIJE NO ES VERDAD?
Y... BUENO... YO... ESA HISTORIA DE TU MAMÁ... NO SÉ...
ESTÁ BIEN, YA ENTENDÍ TODO.
TU IDEA ES QUE SOY UNA POBRE LOCA ESTÚPIDA Y MENTIROSA.
ADIÓS.
NO... UN MOMENTO... NO QUISE...
VÁMONOS, BRAN. DECÍAS QUE ESE SALTIMBANQUI ME IBA A AYUDAR, PERO ES UN IDIOTA CON CABEZA DE CHANCHO.
¡¡¡NO TE VAYAS!!!
¡TE CREÍ LO DE ESE INVISIBLE SEÑOR BRAN!
¡¡¡ESTOY DISPUESTO A CREER TAMBIÉN QUE TU MAMÁ ES UN HADA!!!
AH, BUENO.
MI MAMÁ ERA LA MÁS TRAVIESA Y CURIOSA DE LAS TWILINGS, LAS HADAS DE LO MÁS PROFUNDO DEL BOSQUE.
LA HISTORIA COMENZÓ HACE ONCE AÑOS EL PRIMER DÍA DE PRIMAVERA. NUNCA ME ACUERDO QUÉ FECHA ES, PERO CUALQUIERA SE DA CUENTA PORQUE HACE MUCHO MENOS FRÍO.
24

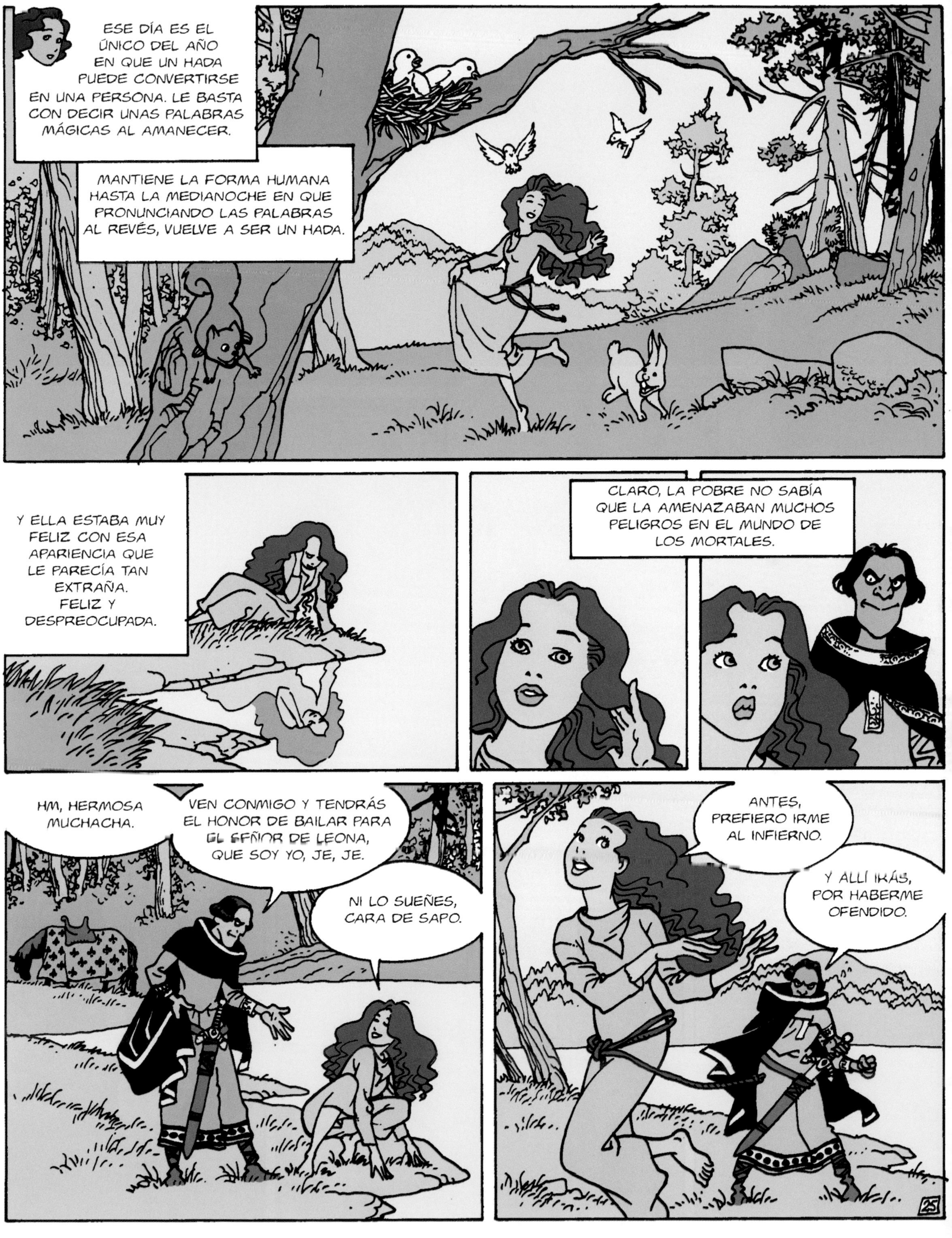
ESE DÍA ES EL ÚNICO DEL AÑO EN QUE UN HADA PUEDE CONVERTIRSE EN UNA PERSONA. LE BASTA CON DECIR UNAS PALABRAS MÁGICAS AL AMANECER.
MANTIENE LA FORMA HUMANA HASTA LA MEDIANOCHE EN QUE PRONUNCIANDO LAS PALABRAS AL REVÉS, VUELVE A SER UN HADA.
Y ELLA ESTABA MUY FELIZ CON ESA APARIENCIA QUE LE PARECÍA TAN EXTRAÑA. FELIZ Y DESPREOCUPADA.
CLARO, LA POBRE NO SABÍA QUE LA AMENAZABAN MUCHOS PELIGROS EN EL MUNDO DE LOS MORTALES.
HM, HERMOSA MUCHACHA.
VEN CONMIGO Y TENDRÁS EL HONOR DE BAILAR PARA EL SEÑOR DE LEONA, QUE SOY YO, JE, JE.
NI LO SUEÑES, CARA DE SAPO.
ANTES, PREFIERO IRME AL INFIERNO.
Y ALLÍ IRÁS, POR HABERME OFENDIDO.
25

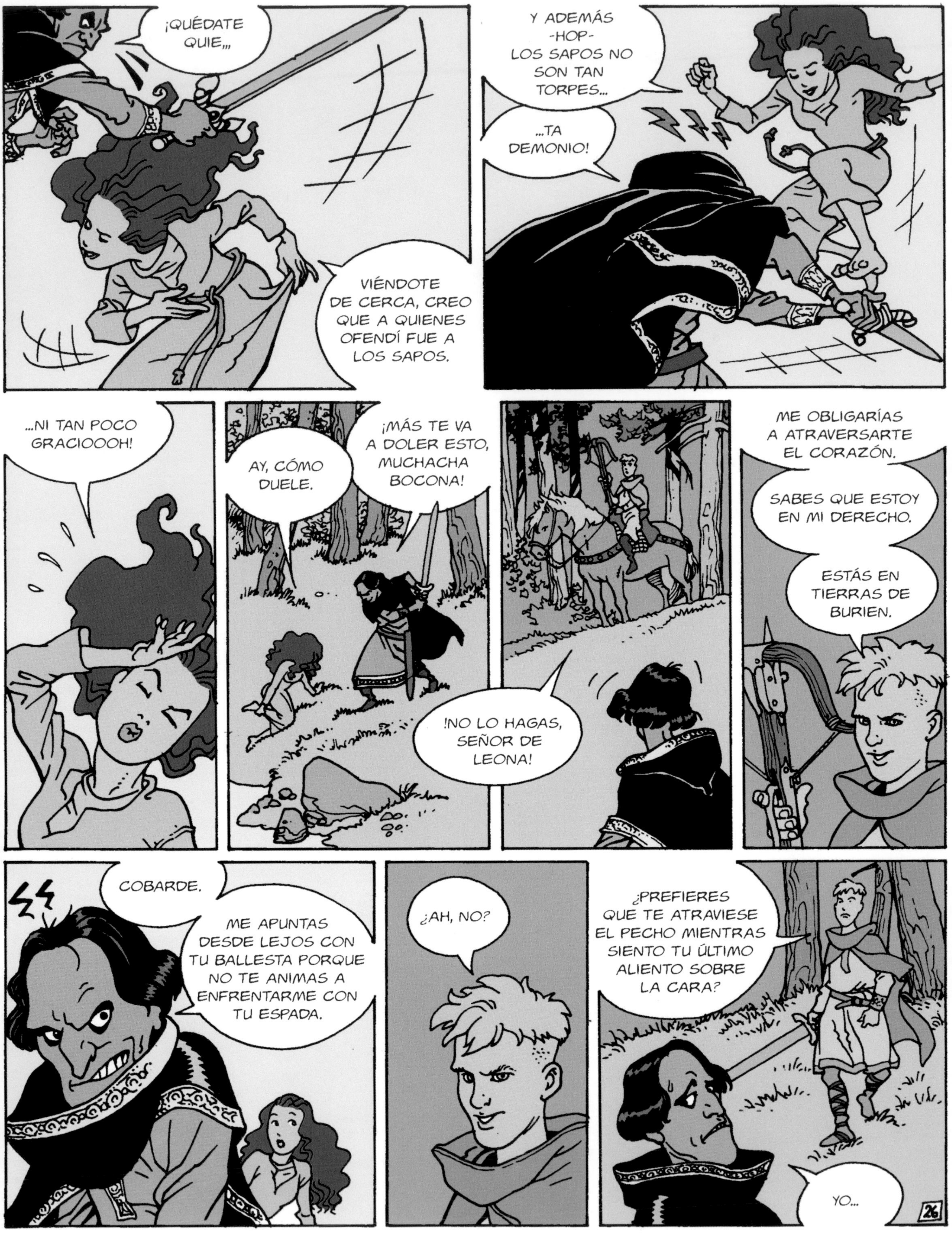
¡QUÉDATE QUIE,,,
VIÉNDOTE DE CERCA, CREO QUE A QUIENES OFENDÍ FUE A LOS SAPOS.
Y ADEMÁS -HOP- LOS SAPOS NO SON TAN TORPES...
...TA DEMONIO!
...NI TAN POCO GRACIOOOH!
AY, CÓMO DUELE.
¡MÁS TE VA A DOLER ESTO, MUCHACHA BOCONA!
!NO LO HAGAS, SEÑOR DE LEONA!
ME OBLIGARÍAS A ATRAVERSARTE EL CORAZÓN.
SABES QUE ESTOY EN MI DERECHO.
ESTÁS EN TIERRAS DE BURIEN.
COBARDE.
ME APUNTAS DESDE LEJOS CON TU BALLESTA PORQUE NO TE ANIMAS A ENFRENTARME CON TU ESPADA.
¿AH, NO?
¿PREFIERES QUE TE ATRAVIESE EL PECHO MIENTRAS SIENTO TU ÚLTIMO ALIENTO SOBRE LA CARA?
YO...
26

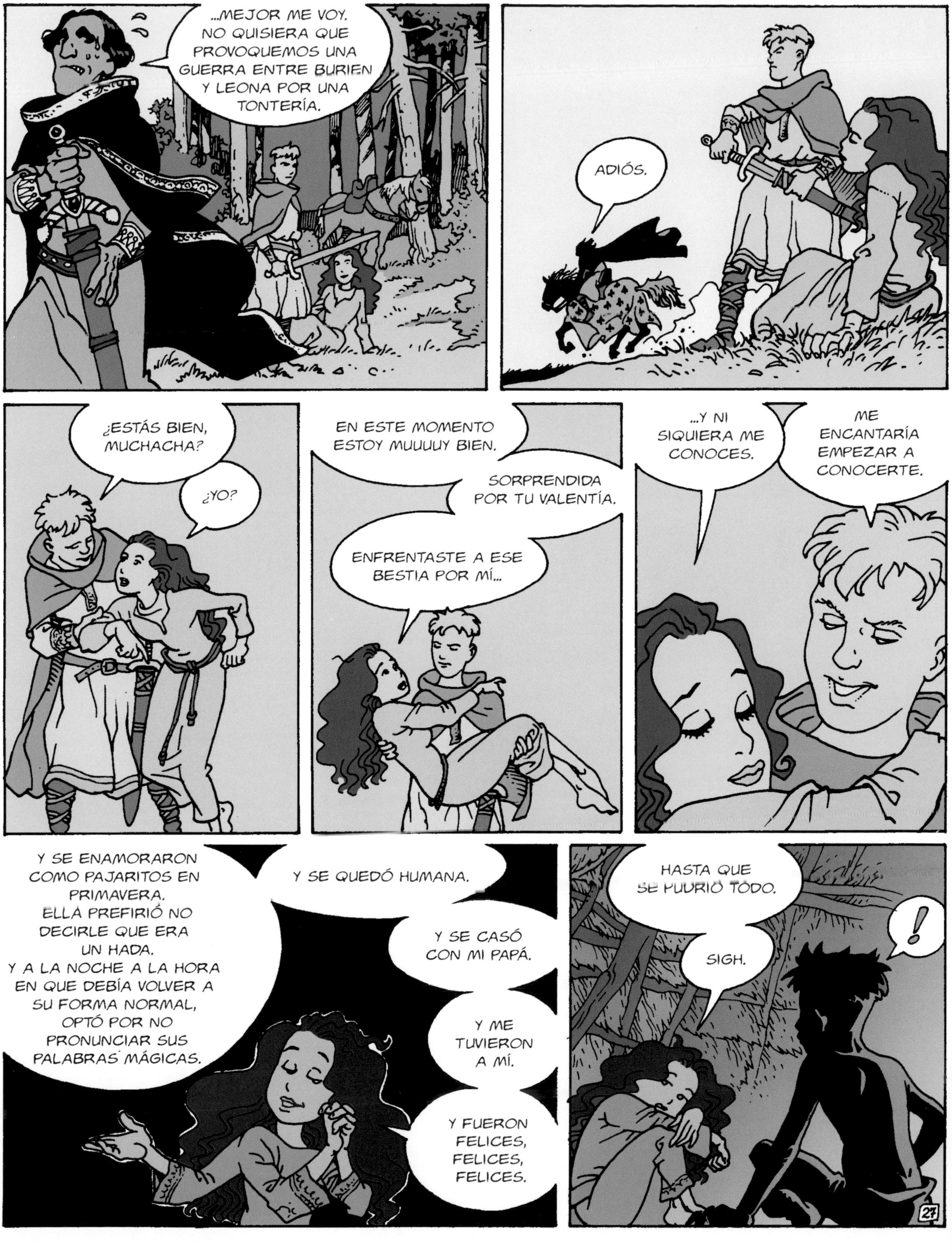
...MEJOR ME VOY. NO QUISIERA QUE PROVOQUEMOS UNA GUERRA ENTRE BURIEN Y LEONA POR UNA TONTERÍA.
ADIÓS.
¿ESTÁS BIEN, MUCHACHA?
¿YO?
EN ESTE MOMENTO ESTOY MUUUUY BIEN.
SORPRENDIDA POR TU VALENTÍA.
ENFRENTASTE A ESE BESTIA POR MÍ...
...Y NI SIQUIERA ME CONOCES.
ME ENCANTARÍA EMPEZAR A CONOCERTE.
Y SE ENAMORARON COMO PAJARITOS EN PRIMAVERA. ELLA PREFIRIÓ NO DECIRLE QUE ERA UN HADA. Y A LA NOCHE A LA HORA EN QUE DEBÍA VOLVER A SU FORMA NORMAL, OPTÓ POR NO PRONUNCIAR SUS PALABRAS MÁGICAS.
Y SE QUEDÓ HUMANA.
Y SE CASÓ CON MI PAPÁ.
Y ME TUVIERON A MÍ.
Y FUERON FELICES, FELICES, FELICES.
HASTA QUE SE PUDRIÓ TODO.
SIGH.
!
27

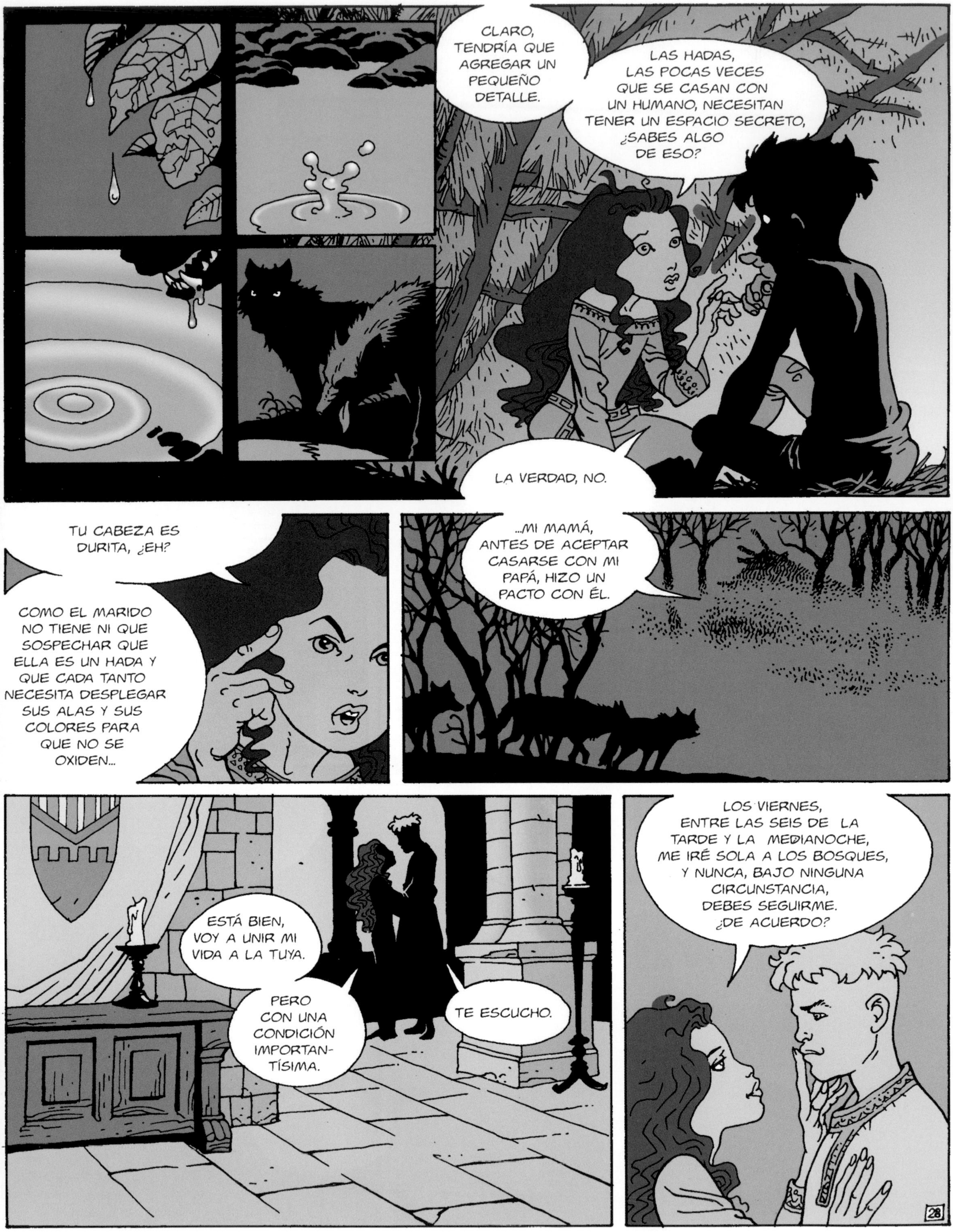

CLARO, TENDRÍA QUE AGREGAR UN PEQUEÑO DETALLE.
LAS HADAS, LAS POCAS VECES QUE SE CASAN CON UN HUMANO, NECESITAN TENER UN ESPACIO SECRETO, ¿SABES ALGO DE ESO?
LA VERDAD, NO.
TU CABEZA ES DURITA, ¿EH?
COMO EL MARIDO NO TIENE NI QUE SOSPECHAR QUE ELLA ES UN HADA Y QUE CADA TANTO NECESITA DESPLEGAR SUS ALAS Y SUS COLORES PARA QUE NO SE OXIDEN...
...MI MAMÁ, ANTES DE ACEPTAR CASARSE CON MI PAPÁ, HIZO UN PACTO CON ÉL.
ESTÁ BIEN, VOY A UNIR MI VIDA A LA TUYA.
PERO CON UNA CONDICIÓN IMPORTANTÍSIMA.
TE ESCUCHO.
LOS VIERNES, ENTRE LAS SEIS DE LA TARDE Y LA MEDIANOCHE, ME IRÉ SOLA A LOS BOSQUES, Y NUNCA, BAJO NINGUNA CIRCUNSTANCIA, DEBES SEGUIRME. ¿DE ACUERDO?
28

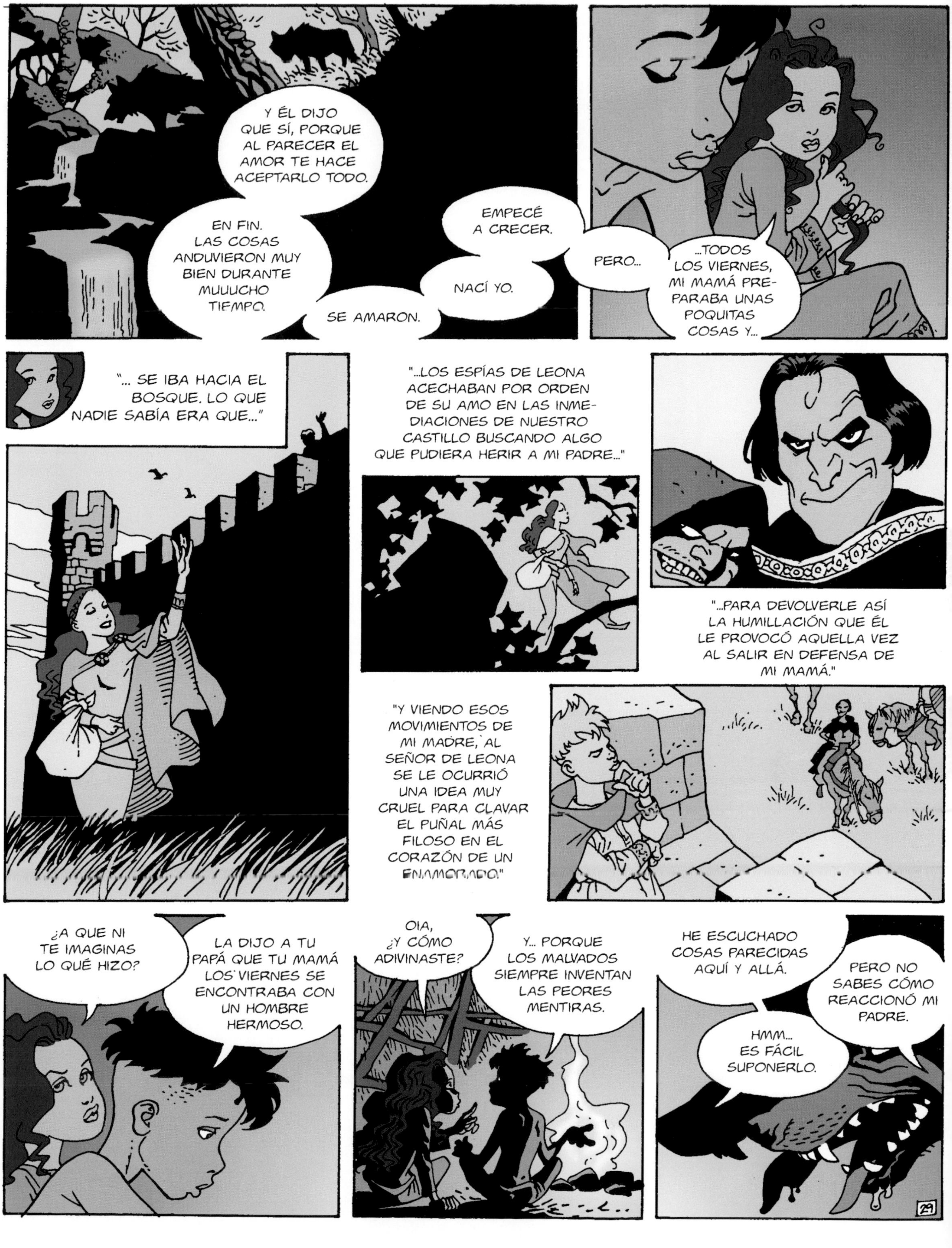

Y ÉL DIJO QUE SÍ, PORQUE AL PARECER EL AMOR TE HACE ACEPTARLO TODO.
EN FIN. LAS COSAS ANDUVIERON MUY BIEN DURANTE MUUUCHO TIEMPO.
SE AMARON.
NACÍ YO.
EMPECÉ A CRECER.
PERO...
...TODOS LOS VIERNES, MI MAMÁ PREPARABA UNAS POQUITAS COSAS Y...
"... SE IBA HACIA EL BOSQUE. LO QUE NADIE SABÍA ERA QUE..."
"...LOS ESPÍAS DE LEONA ACECHABAN POR ORDEN DE SU AMO EN LAS INMEDIACIONES DE NUESTRO CASTILLO BUSCANDO ALGO QUE PUDIERA HERIR A MI PADRE..."
"...PARA DEVOLVERLE ASÍ LA HUMILLACIÓN QUE ÉL LE PROVOCÓ AQUELLA VEZ AL SALIR EN DEFENSA DE MI MAMÁ."
"Y VIENDO ESOS MOVIMIENTOS DE MI MADRE, AL SEÑOR DE LEONA SE LE OCURRIÓ UNA IDEA MUY CRUEL PARA CLAVAR EL PUÑAL MÁS FILOSO EN EL CORAZÓN DE UN ENAMORADO."
¿A QUE NI TE IMAGINAS LO QUÉ HIZO?
LA DIJO A TU PAPÁ QUE TU MAMÁ LOS VIERNES SE ENCONTRABA CON UN HOMBRE HERMOSO.
OIA, ¿Y CÓMO ADIVINASTE?
Y... PORQUE LOS MALVADOS SIEMPRE INVENTAN LAS PEORES MENTIRAS.
HE ESCUCHADO COSAS PARECIDAS AQUÍ Y ALLÁ.
PERO NO SABES CÓMO REACCIONÓ MI PADRE.
HMM... ES FÁCIL SUPONERLO.
29

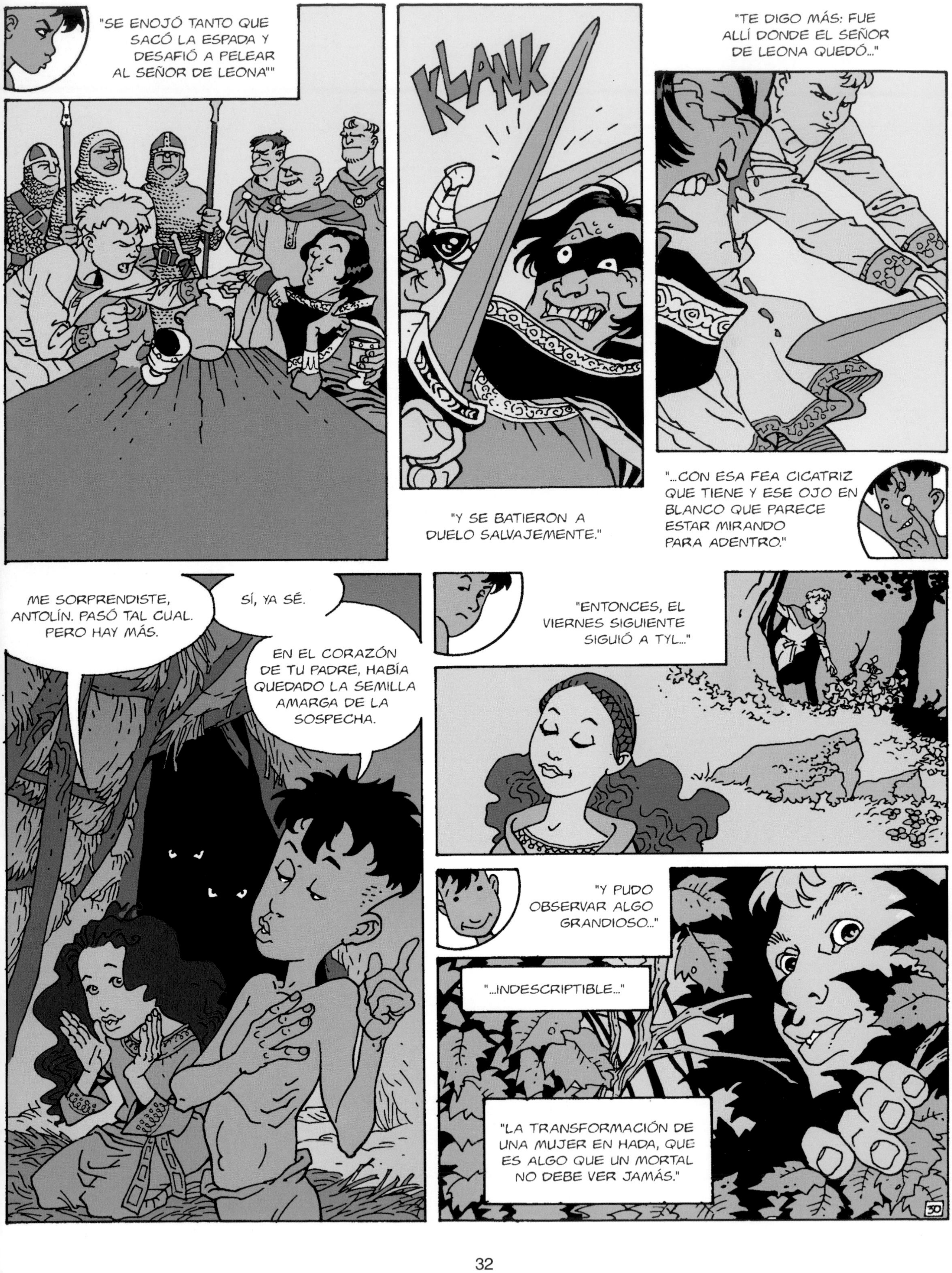
"SE ENOJÓ TANTO QUE SACÓ LA ESPADA Y DESAFIÓ A PELEAR AL SEÑOR DE LEONA""
KLANK
"Y SE BATIERON A DUELO SALVAJEMENTE."
"TE DIGO MÁS: FUE ALLÍ DONDE EL SEÑOR DE LEONA QUEDÓ..."
"...CON ESA FEA CICATRIZ QUE TIENE Y ESE OJO EN BLANCO QUE PARECE ESTAR MIRANDO PARA ADENTRO."
ME SORPRENDISTE, ANTOLÍN. PASÓ TAL CUAL. PERO HAY MÁS.
SÍ, YA SÉ.
EN EL CORAZÓN DE TU PADRE, HABÍA QUEDADO LA SEMILLA AMARGA DE LA SOSPECHA.
"ENTONCES, EL VIERNES SIGUIENTE SIGUIÓ A TYL..."
"Y PUDO OBSERVAR ALGO GRANDIOSO..."
"...INDESCRIPTIBLE..."
"LA TRANSFORMACIÓN DE UNA MUJER EN HADA, QUE ES ALGO QUE UN MORTAL NO DEBE VER JAMÁS."

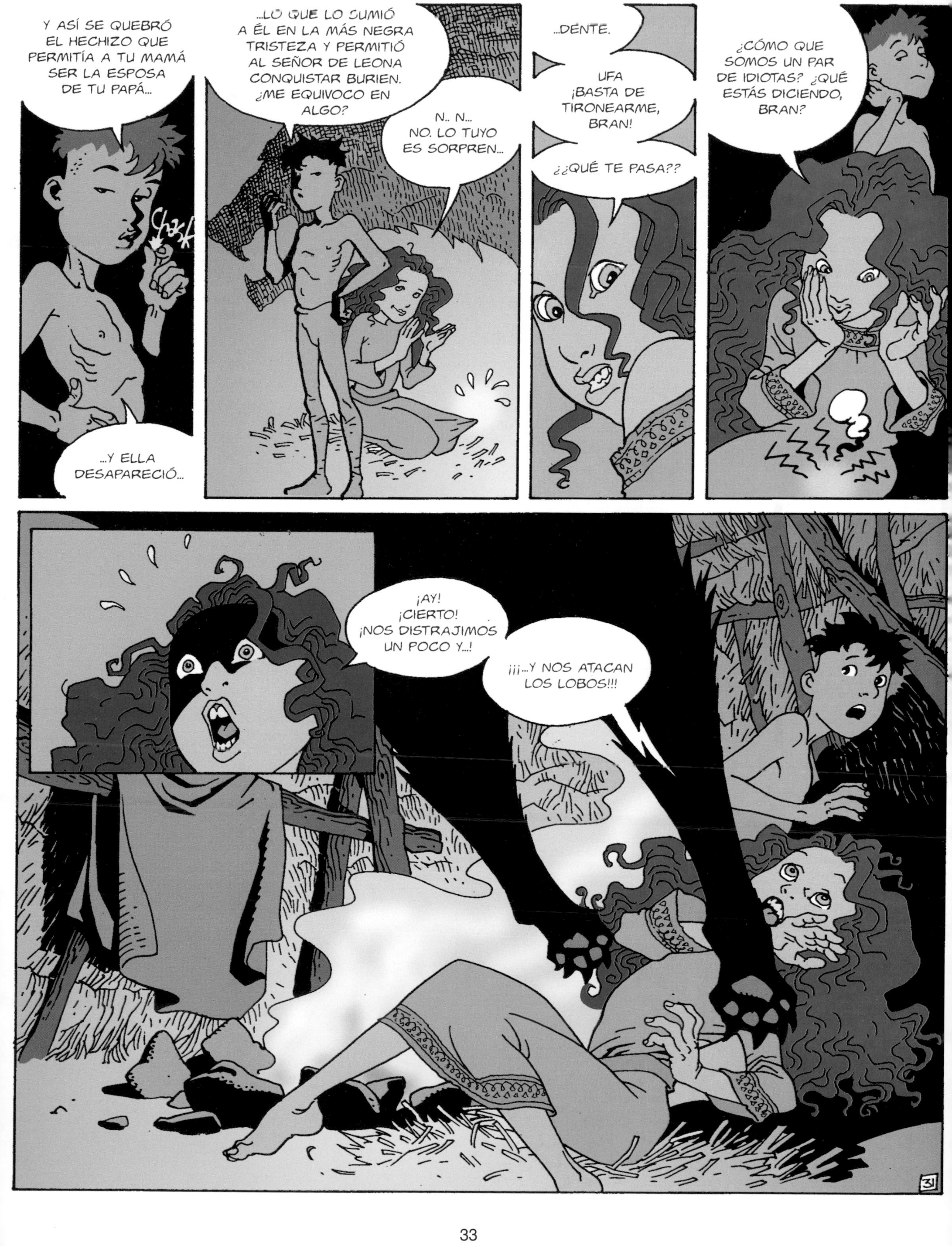

Y ASÍ SE QUEBRÓ EL HECHIZO QUE PERMITÍA A TU MAMÁ SER LA ESPOSA DE TU PAPÁ...
...Y ELLA DESAPARECIÓ...
...LO QUE LO SUMIÓ A ÉL EN LA MÁS NEGRA TRISTEZA Y PERMITIÓ AL SEÑOR DE LEONA CONQUISTAR BURIEN. ¿ME EQUIVOCO EN ALGO?
N.. N... NO. LO TUYO ES SORPREN...
...DENTE.
UFA ¡BASTA DE TIRONEARME, BRAN!
¿¿QUÉ TE PASA??
¿CÓMO QUE SOMOS UN PAR DE IDIOTAS? ¿QUÉ ESTÁS DICIENDO, BRAN?
¡AY! ¡CIERTO! ¡NOS DISTRAJIMOS UN POCO Y...!
¡¡¡...Y NOS ATACAN LOS LOBOS!!!
31

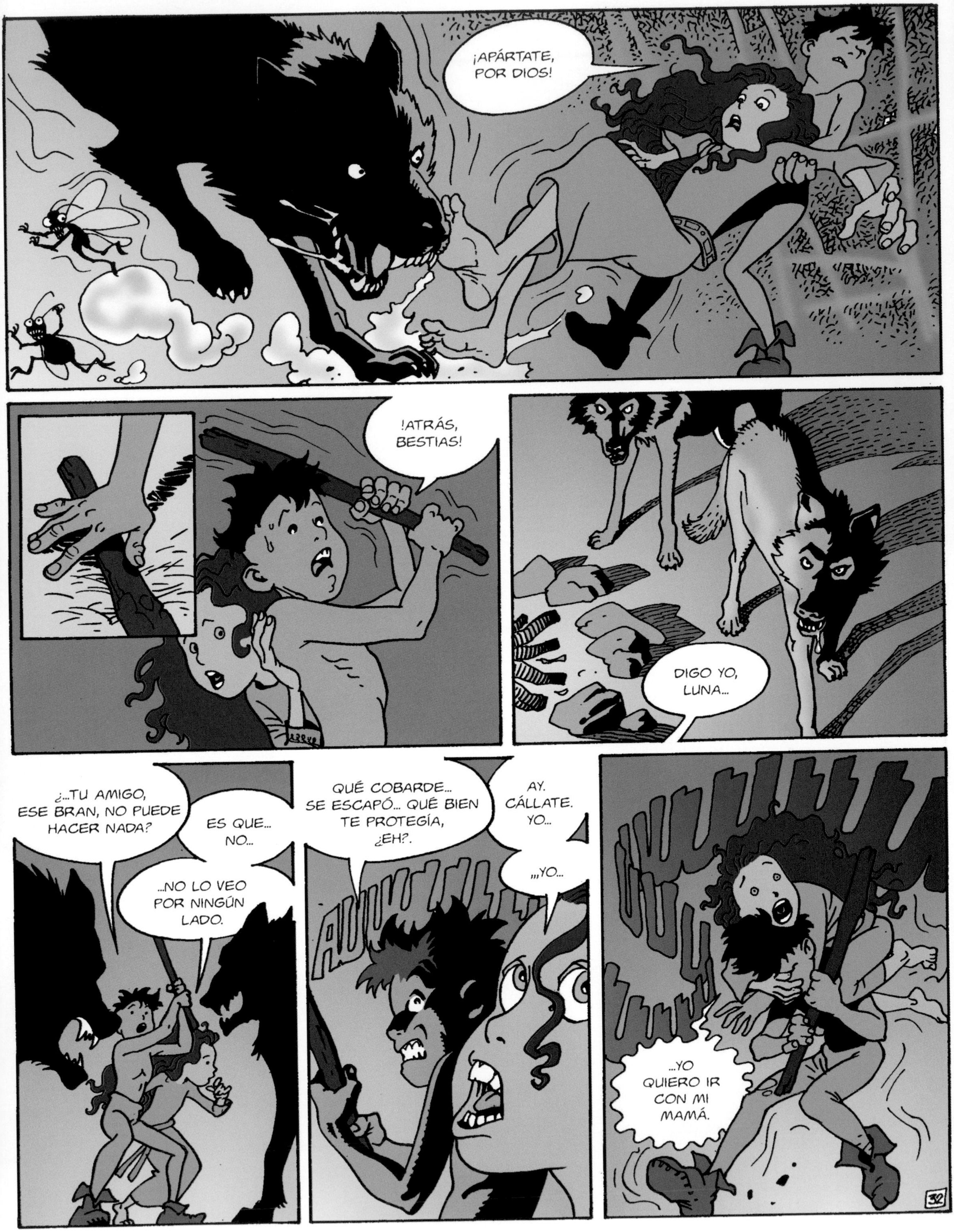
¡APÁRTATE, POR DIOS!
!ATRÁS, BESTIAS!
DIGO YO, LUNA...
¿...TU AMIGO, ESE BRAN, NO PUEDE HACER NADA?
ES QUE... NO...
...NO LO VEO POR NINGÚN LADO.
QUÉ COBARDE... SE ESCAPÓ... QUÉ BIEN TE PROTEGÍA, ¿EH?.
AY. CÁLLATE. YO...
,,,YO...
...YO QUIERO IR CON MI MAMÁ.
32

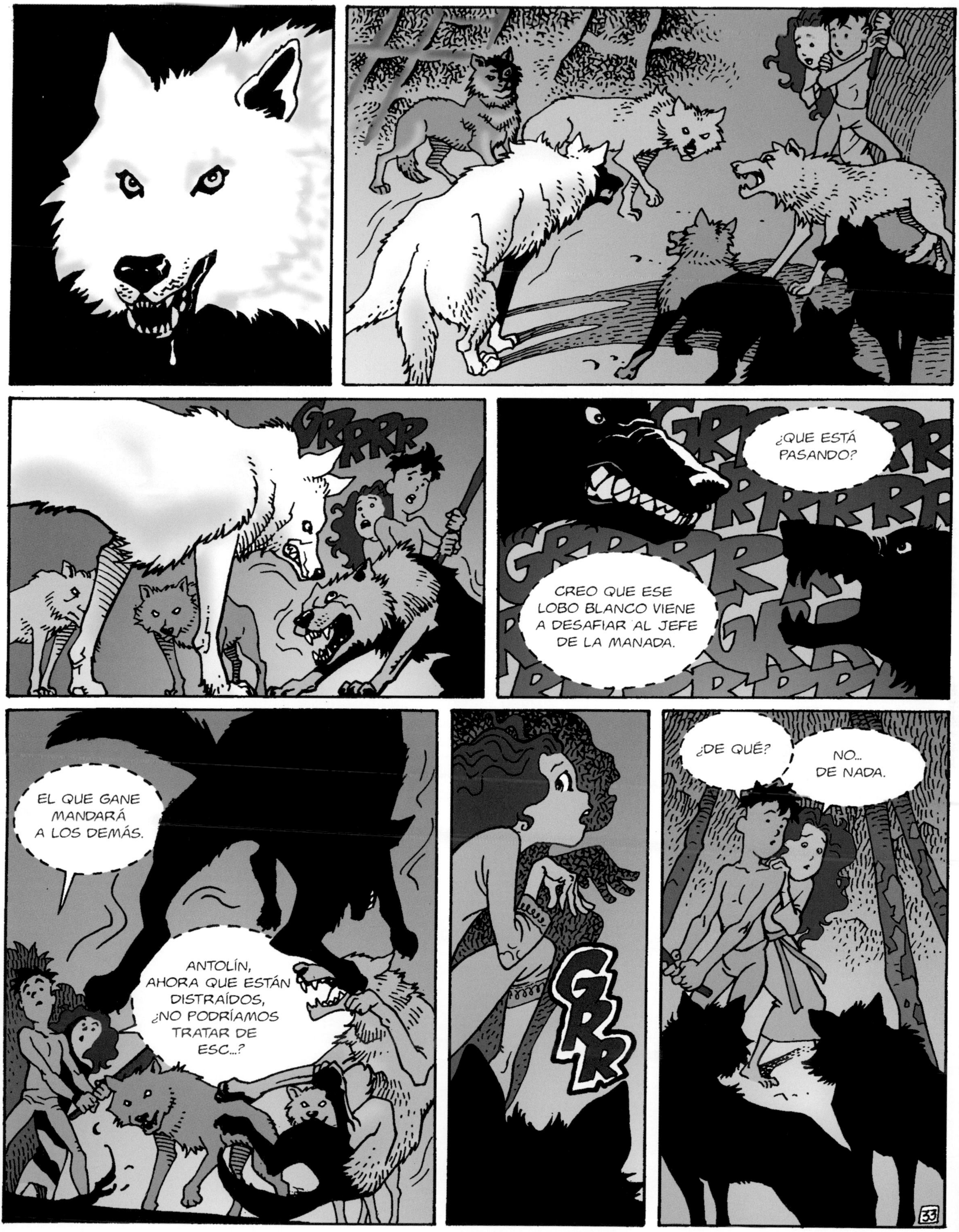
GRRRR
GRRRR
¿QUE ESTÁ PASANDO?
CREO QUE ESE LOBO BLANCO VIENE A DESAFIAR AL JEFE DE LA MANADA.
EL QUE GANE MANDARÁ A LOS DEMÁS.
ANTOLÍN, AHORA QUE ESTÁN DISTRAÍDOS, ¿NO PODRÍAMOS TRATAR DE ESC...?
GRR
¿DE QUÉ?
NO... DE NADA.
33

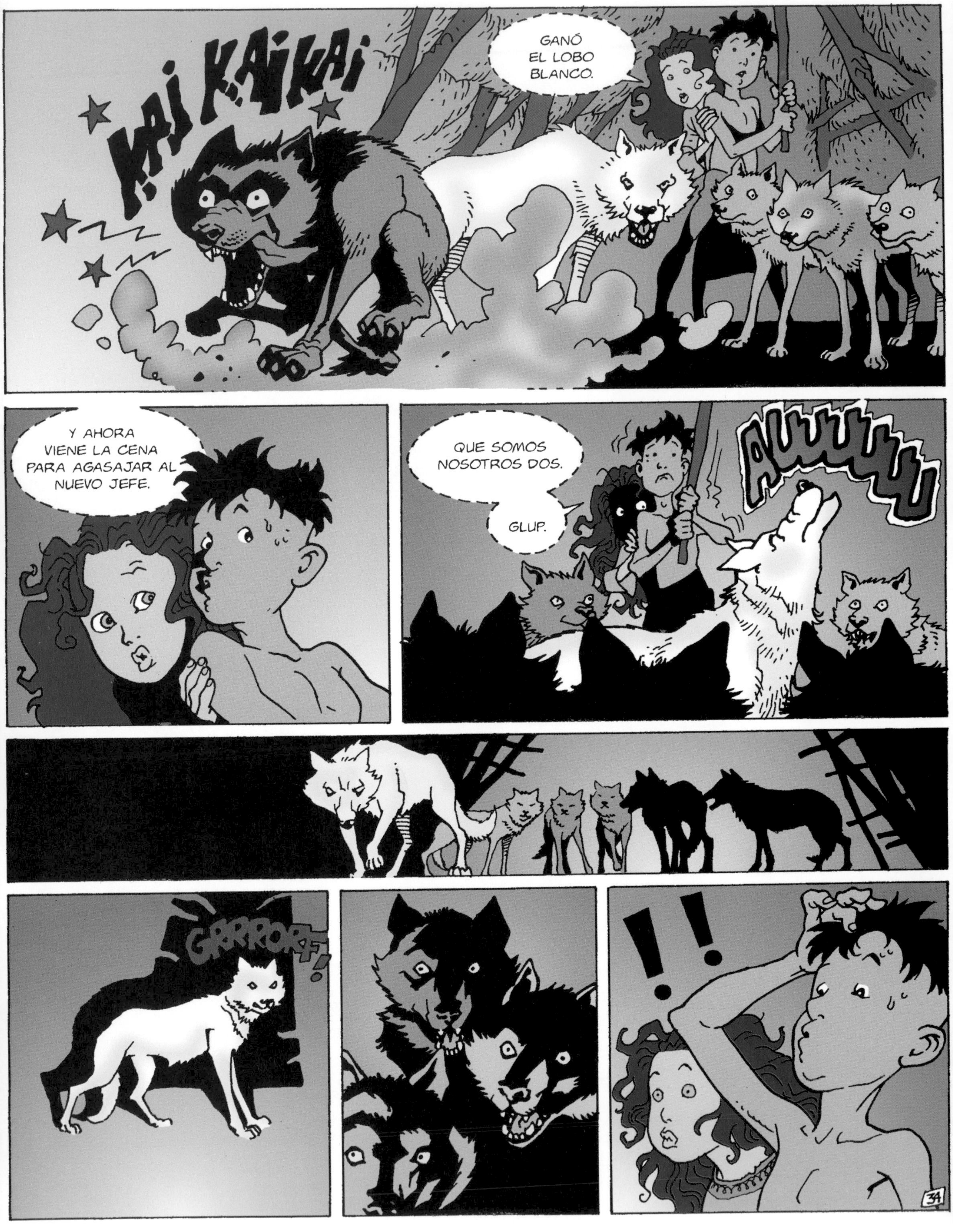
KAI KAIKAI
GANÓ EL LOBO BLANCO.
Y AHORA VIENE LA CENA PARA AGASAJAR AL NUEVO JEFE.
QUE SOMOS NOSOTROS DOS.
GLUP.
AUUUUU
GRRRORF!
!!

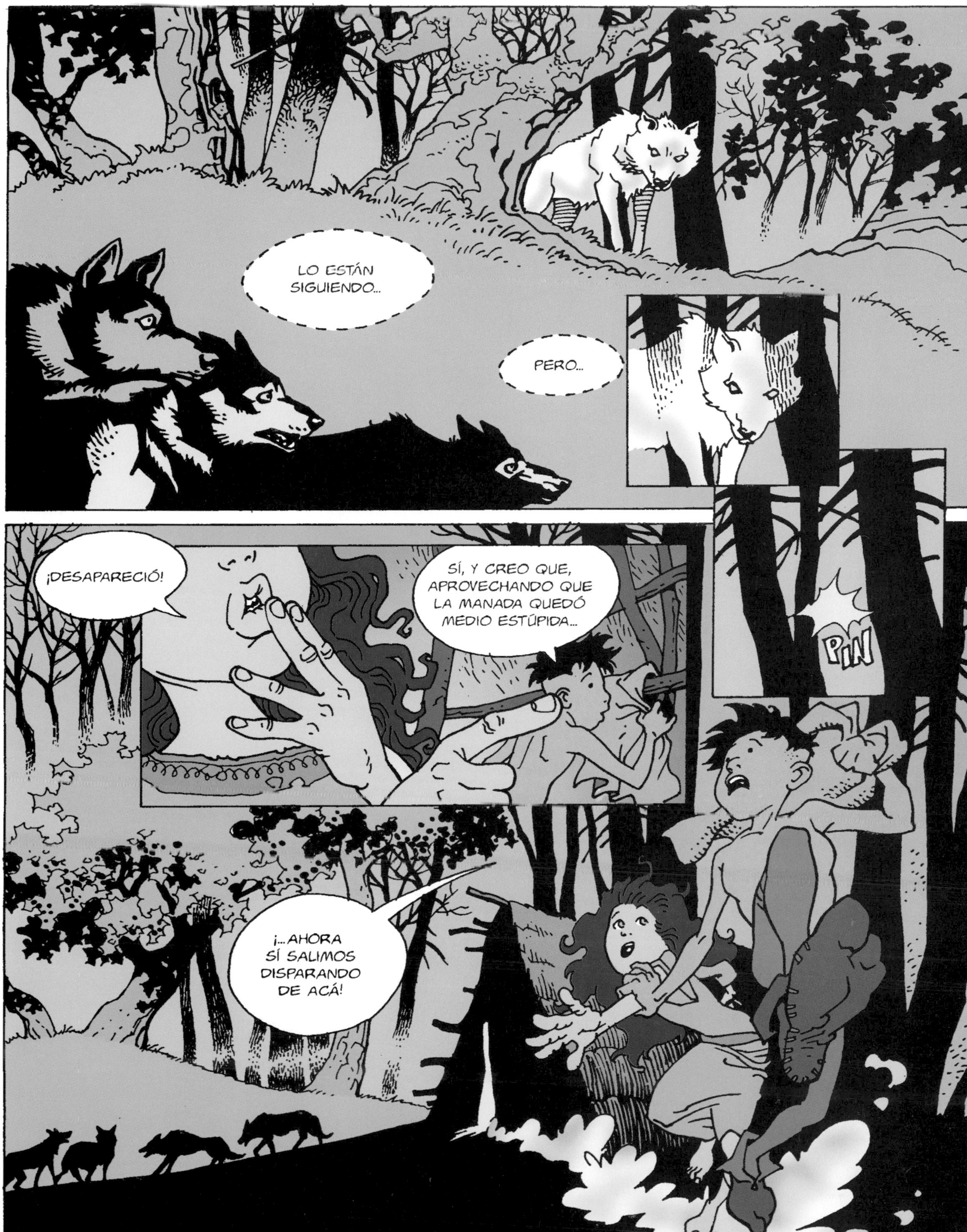
LO ESTÁN SIGUIENDO...
PERO...
¡DESAPARECIÓ!
SÍ, Y CREO QUE, APROVECHANDO QUE LA MANADA QUEDÓ MEDIO ESTÚPIDA...
PIN
¡...AHORA SÍ SALIMOS DISPARANDO DE ACÁ!
35

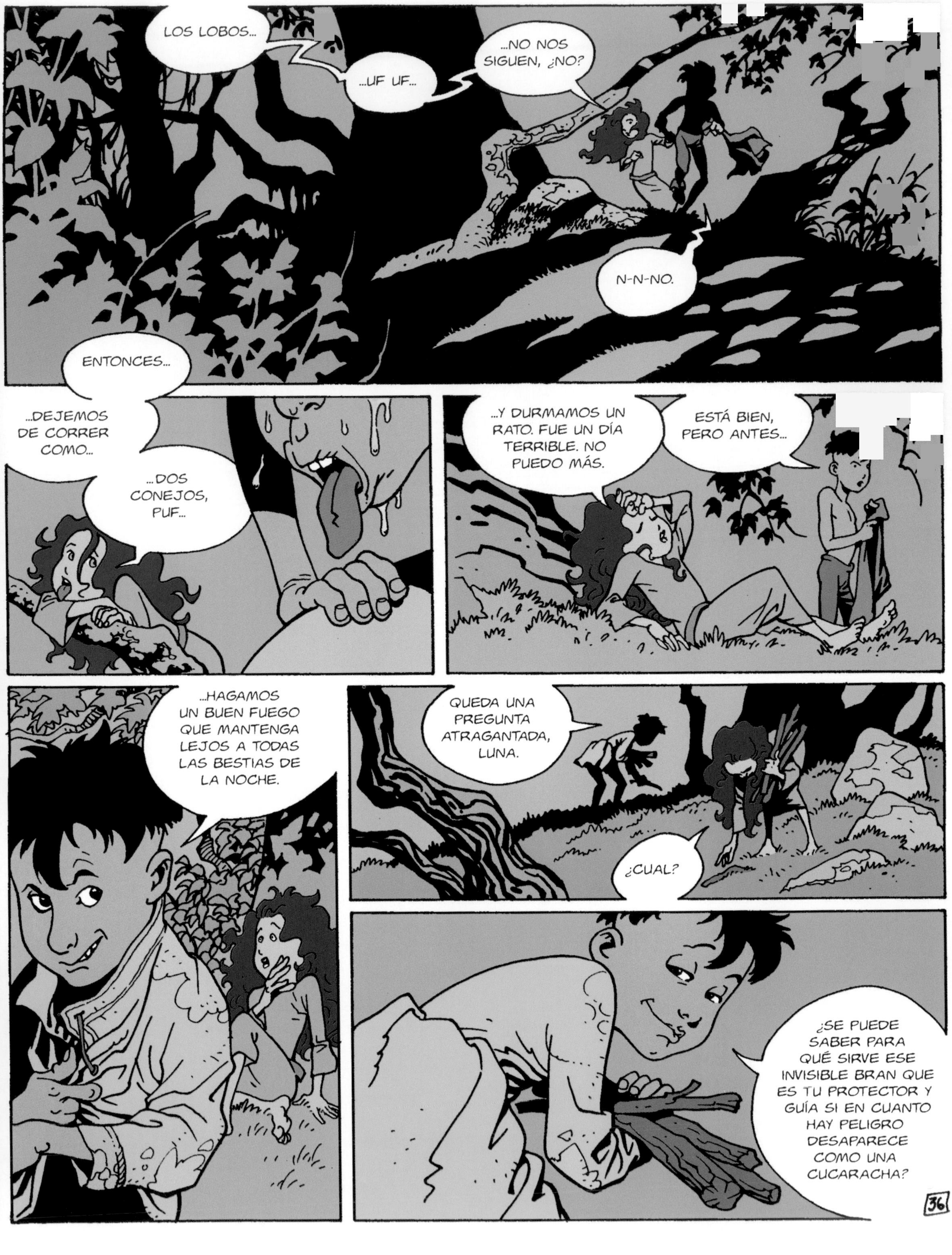
LOS LOBOS...
...UF UF...
...NO NOS SIGUEN, ¿NO?
N-N-NO.
ENTONCES...
...DEJEMOS DE CORRER COMO...
...DOS CONEJOS, PUF...
...Y DURMAMOS UN RATO. FUE UN DÍA TERRIBLE. NO PUEDO MÁS.
ESTÁ BIEN, PERO ANTES...
...HAGAMOS UN BUEN FUEGO QUE MANTENGA LEJOS A TODAS LAS BESTIAS DE LA NOCHE.
QUEDA UNA PREGUNTA ATRAGANTADA, LUNA.
¿CUAL?
¿SE PUEDE SABER PARA QUÉ SIRVE ESE INVISIBLE BRAN QUE ES TU PROTECTOR Y GUÍA SI EN CUANTO HAY PELIGRO DESAPARECE COMO UNA CUCARACHA?
36

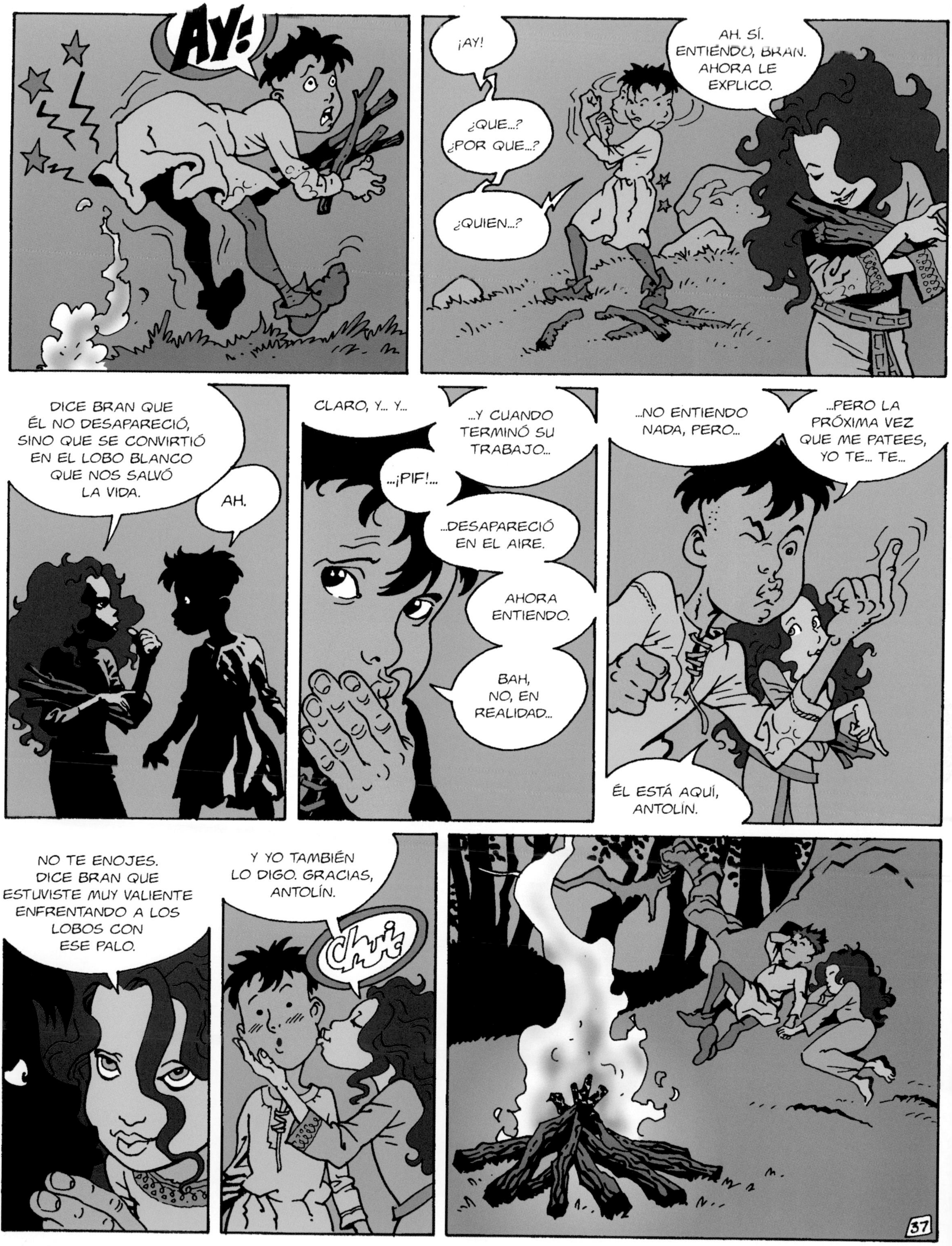
¡AY!
¡AY!
¿QUE...?
¿POR QUE...?
¿QUIEN...?
AH. SÍ. ENTIENDO, BRAN. AHORA LE EXPLICO.
DICE BRAN QUE ÉL NO DESAPARECIÓ, SINO QUE SE CONVIRTIÓ EN EL LOBO BLANCO QUE NOS SALVÓ LA VIDA.
AH.
CLARO, Y... Y...
...Y CUANDO TERMINÓ SU TRABAJO...
...¡PIF!...
...DESAPARECIÓ EN EL AIRE.
AHORA ENTIENDO.
BAH, NO, EN REALIDAD...
...NO ENTIENDO NADA, PERO...
...PERO LA PRÓXIMA VEZ QUE ME PATEES, YO TE... TE...
ÉL ESTÁ AQUÍ, ANTOLÍN.
NO TE ENOJES. DICE BRAN QUE ESTUVISTE MUY VALIENTE ENFRENTANDO A LOS LOBOS CON ESE PALO.
Y YO TAMBIÉN LO DIGO. GRACIAS, ANTOLÍN.
Chuic
37

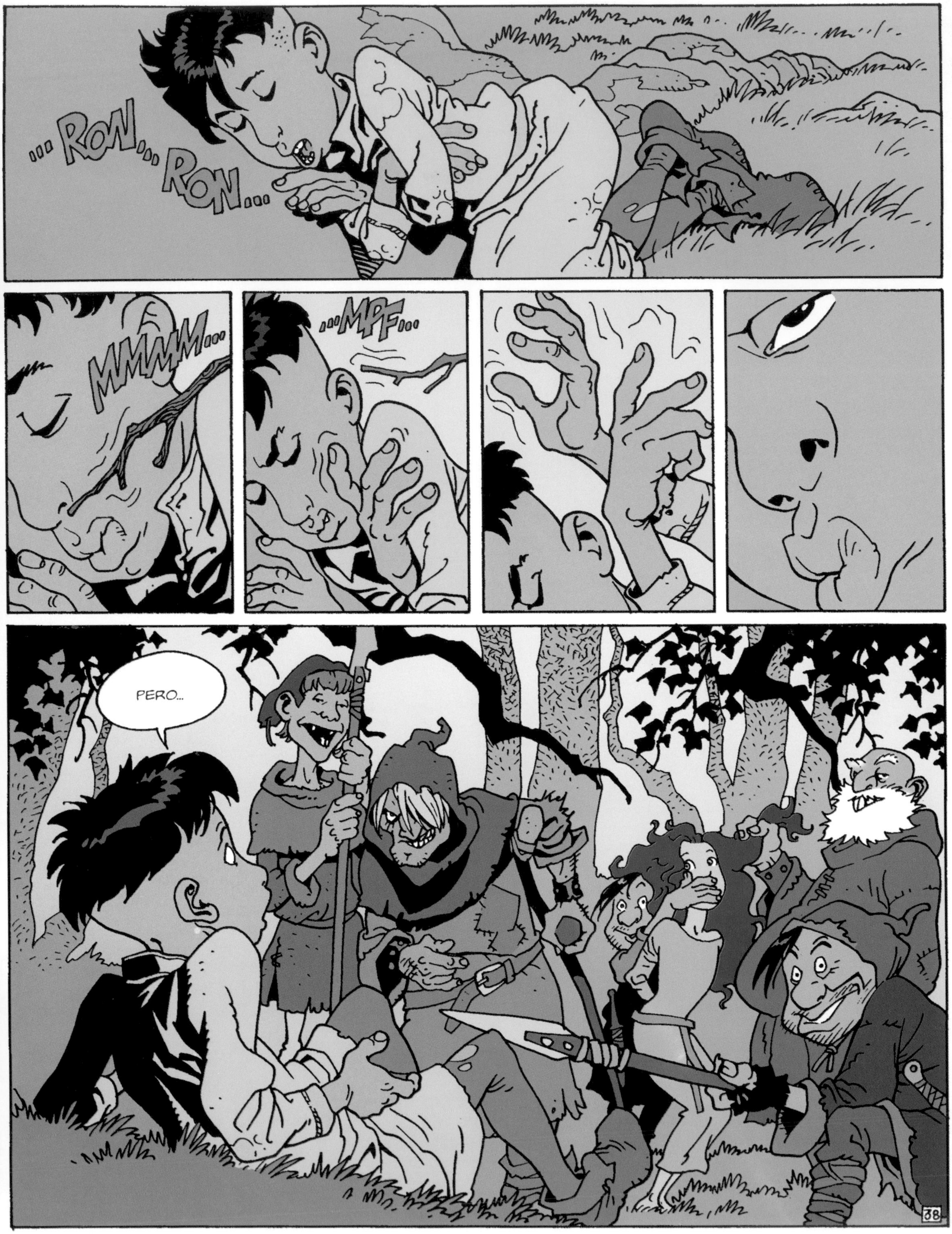
...RON...RON...
...MMMM...
...MPF...
PERO...
38

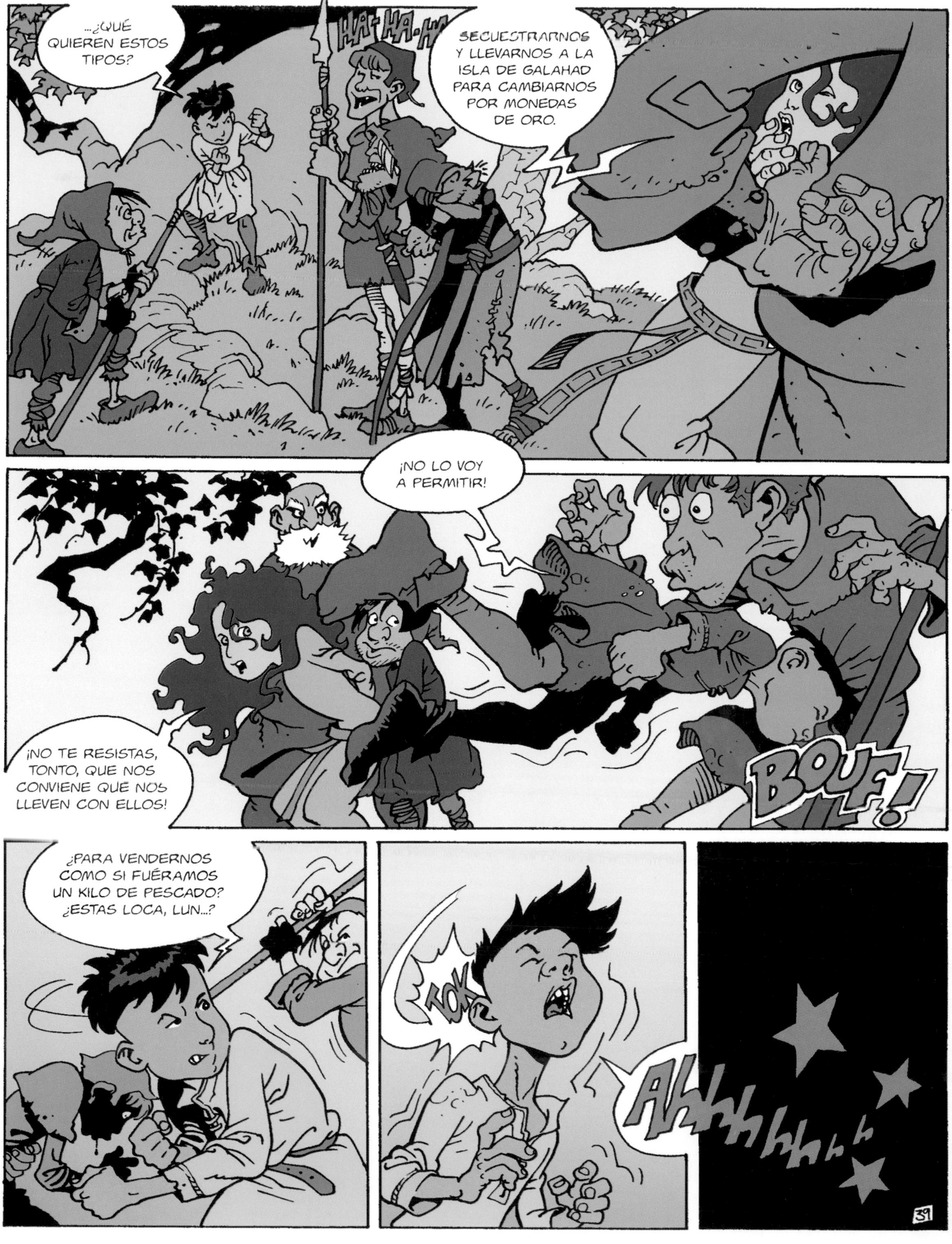
...¿QUÉ QUIEREN ESTOS TIPOS?
HA-HA-HA
SECUESTRARNOS Y LLEVARNOS A LA ISLA DE GALAHAD PARA CAMBIARNOS POR MONEDAS DE ORO.
¡NO LO VOY A PERMITIR!
¡NO TE RESISTAS, TONTO, QUE NOS CONVIENE QUE NOS LLEVEN CON ELLOS!
BOUF!
¿PARA VENDERNOS COMO SI FUÉRAMOS UN KILO DE PESCADO? ¿ESTAS LOCA, LUN...?
TOK
Ahhhhhhh
39

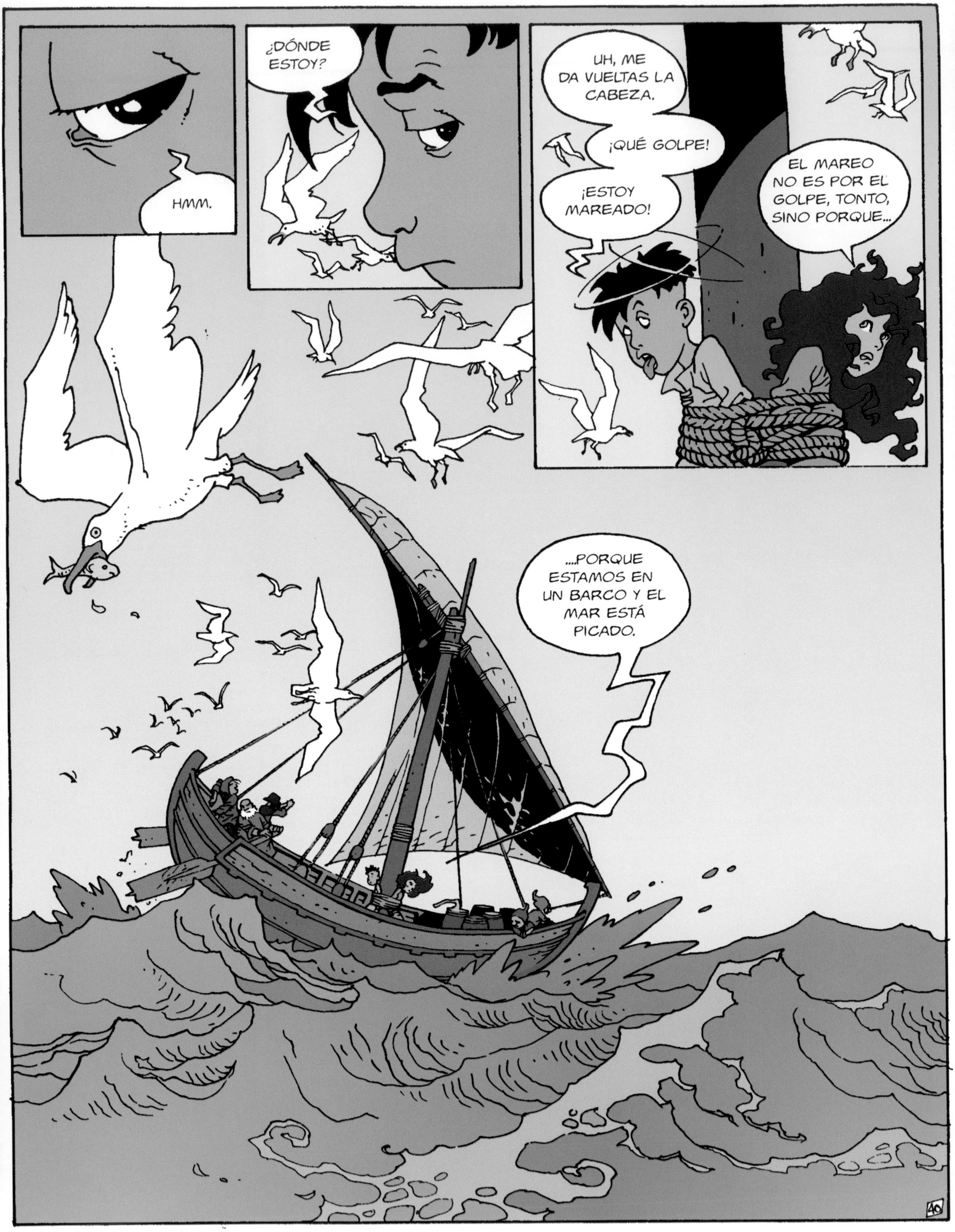
HMM.
¿DÓNDE ESTOY?
UH, ME DA VUELTAS LA CABEZA.
¡QUÉ GOLPE!
¡ESTOY MAREADO!
EL MAREO NO ES POR EL GOLPE, TONTO, SINO PORQUE...
...PORQUE ESTAMOS EN UN BARCO Y EL MAR ESTÁ PICADO.
40

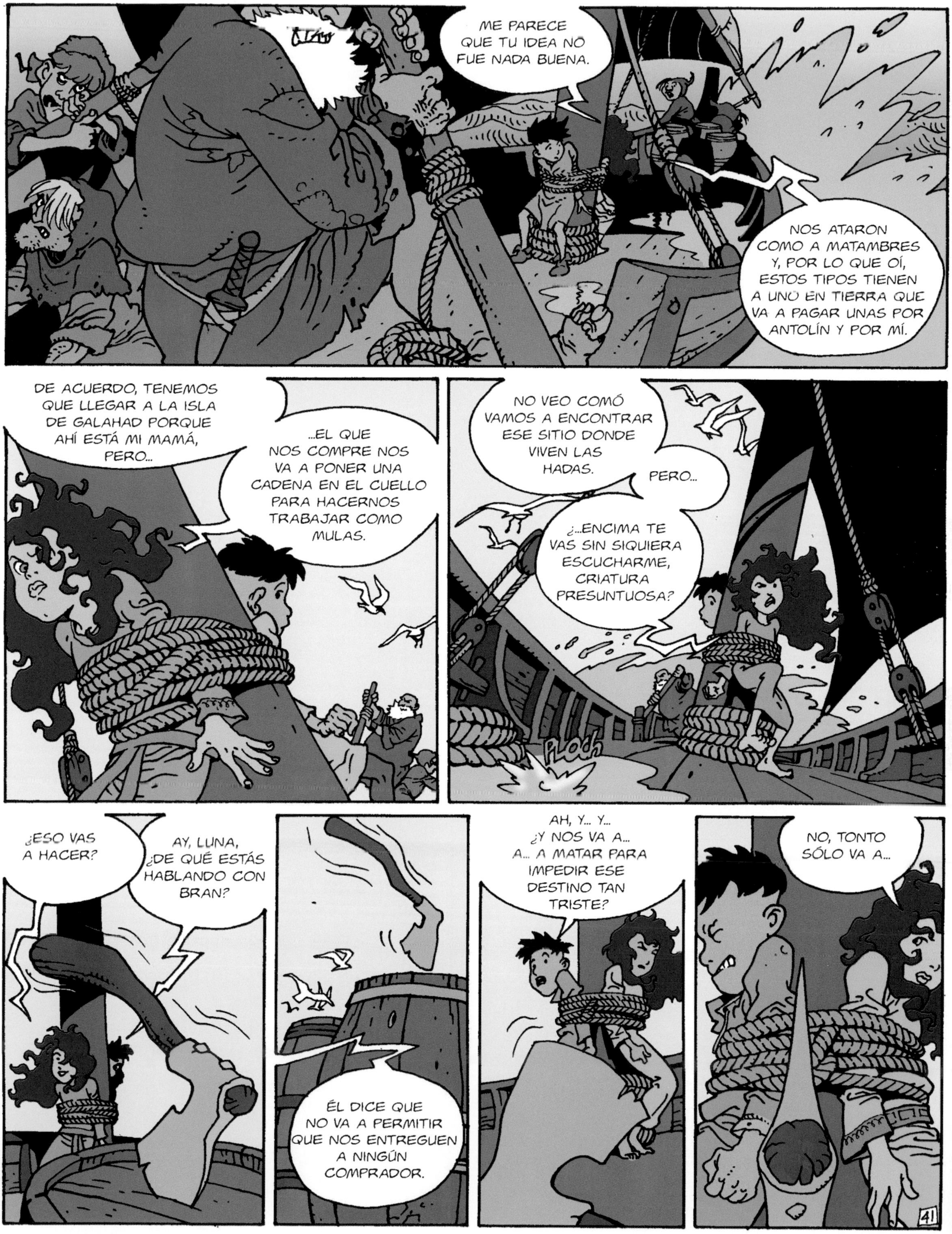
ME PARECE QUE TU IDEA NO FUE NADA BUENA.
NOS ATARON COMO A MATAMBRES Y, POR LO QUE OÍ, ESTOS TIPOS TIENEN A UNO EN TIERRA QUE VA A PAGAR UNAS POR ANTOLÍN Y POR MÍ.
DE ACUERDO, TENEMOS QUE LLEGAR A LA ISLA DE GALAHAD PORQUE AHÍ ESTÁ MI MAMÁ, PERO...
...EL QUE NOS COMPRE NOS VA A PONER UNA CADENA EN EL CUELLO PARA HACERNOS TRABAJAR COMO MULAS.
NO VEO COMÓ VAMOS A ENCONTRAR ESE SITIO DONDE VIVEN LAS HADAS.
PERO...
¿...ENCIMA TE VAS SIN SIQUIERA ESCUCHARME, CRIATURA PRESUNTUOSA?
PLOCH
¿ESO VAS A HACER?
AY, LUNA, ¿DE QUÉ ESTÁS HABLANDO CON BRAN?
ÉL DICE QUE NO VA A PERMITIR QUE NOS ENTREGUEN A NINGÚN COMPRADOR.
AH, Y... Y... ¿Y NOS VA A... A... A MATAR PARA IMPEDIR ESE DESTINO TAN TRISTE?
NO, TONTO SÓLO VA A...

...A CORTAR LA SOGA...

...PARA QUE SALTEMOS AL AGUA. ¡LA COSTA ESTÁ MUY CERCA!

PERO... LUNA... YO...

¡EH, LOS CHICOS SE DESATARON!

¡Y SE ESCAPAN!

¿CÓMO? ¿CON QUÉ CORTARON LA SOGA? ¡NO PUEDE SER! ¡SI LOS AMARRÉ YO MISMO!

...YO ...YO....

... YO ...YO NO... NO...

¿QUE? ¿QUÉ ESTÁS POR DECIR? ¡HABLA!

GLUB

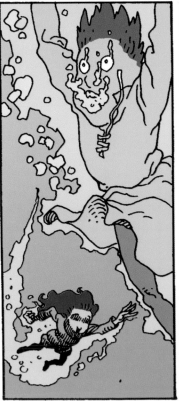

¡GWHHH!

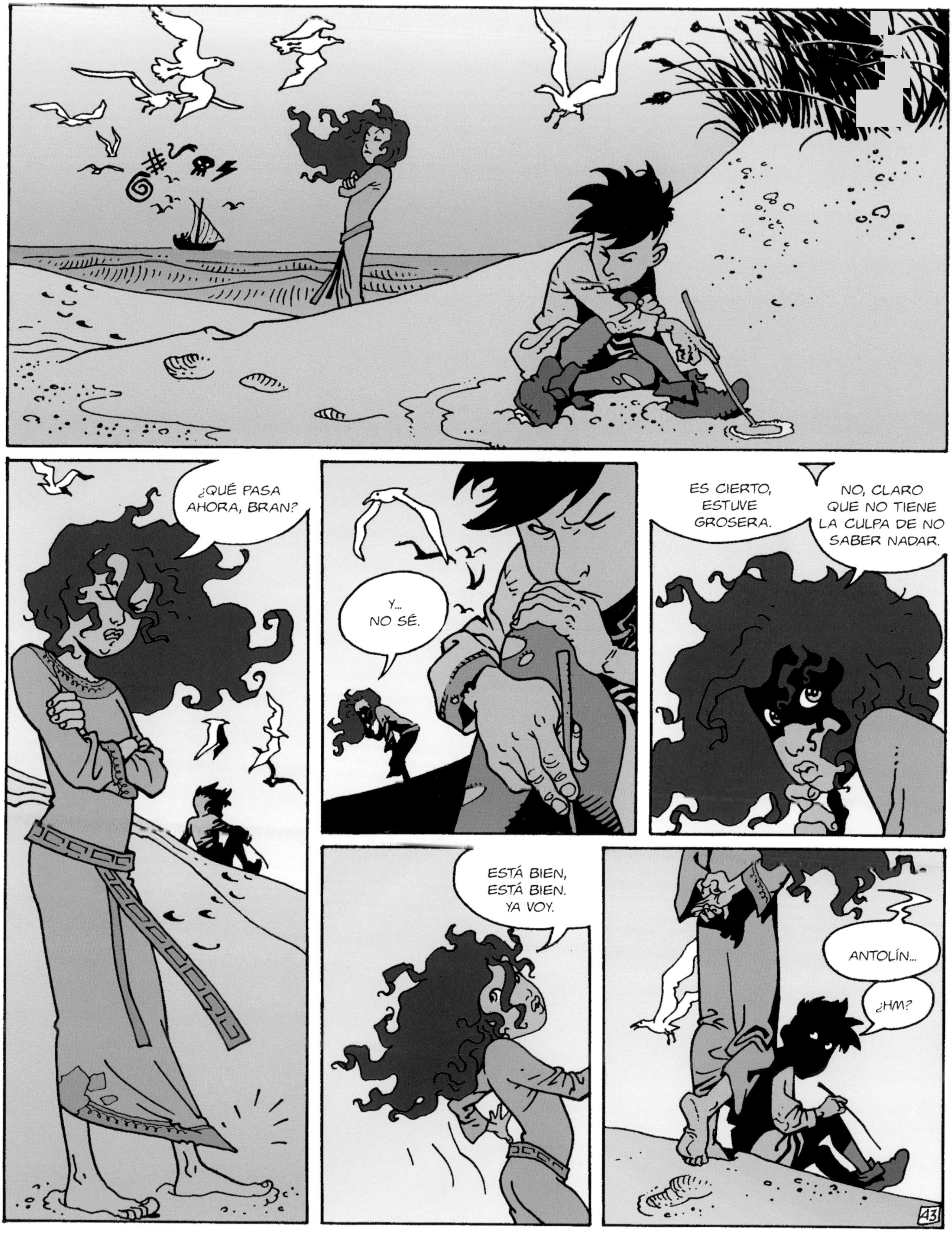

¿QUÉ PASA AHORA, BRAN?
Y... NO SÉ.
ES CIERTO, ESTUVE GROSERA.
NO, CLARO QUE NO TIENE LA CULPA DE NO SABER NADAR.
ESTÁ BIEN, ESTÁ BIEN. YA VOY.
ANTOLÍN...
¿HM?
43

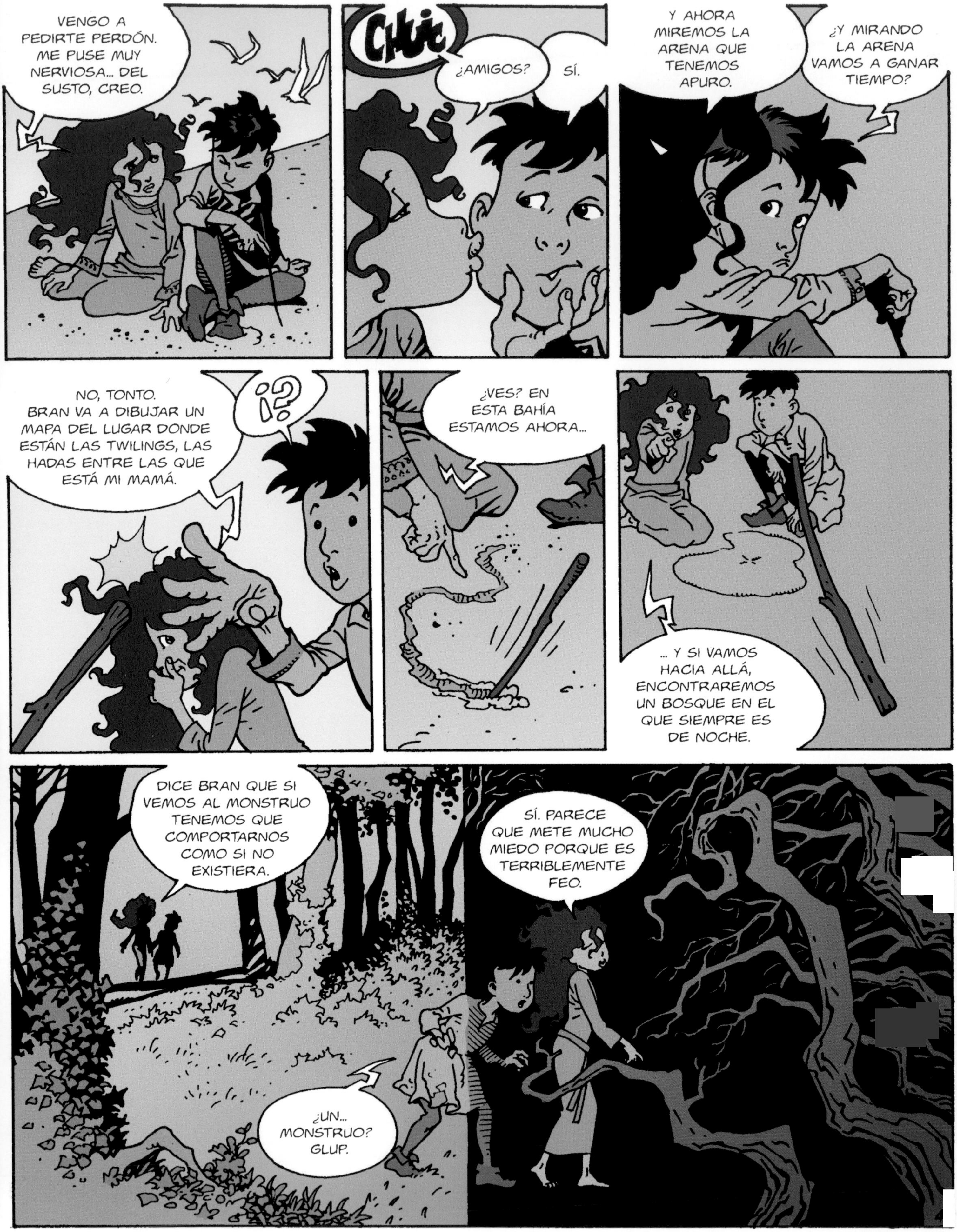
VENGO A PEDIRTE PERDÓN. ME PUSE MUY NERVIOSA... DEL SUSTO, CREO.
CHUIC
¿AMIGOS?
SÍ.
Y AHORA MIREMOS LA ARENA QUE TENEMOS APURO.
¿Y MIRANDO LA ARENA VAMOS A GANAR TIEMPO?
NO, TONTO. BRAN VA A DIBUJAR UN MAPA DEL LUGAR DONDE ESTÁN LAS TWILINGS, LAS HADAS ENTRE LAS QUE ESTÁ MI MAMÁ.
¿?
¿VES? EN ESTA BAHÍA ESTAMOS AHORA...
... Y SI VAMOS HACIA ALLÁ, ENCONTRAREMOS UN BOSQUE EN EL QUE SIEMPRE ES DE NOCHE.
DICE BRAN QUE SI VEMOS AL MONSTRUO TENEMOS QUE COMPORTARNOS COMO SI NO EXISTIERA.
¿UN... MONSTRUO? GLUP.
SÍ. PARECE QUE METE MUCHO MIEDO PORQUE ES TERRIBLEMENTE FEO.

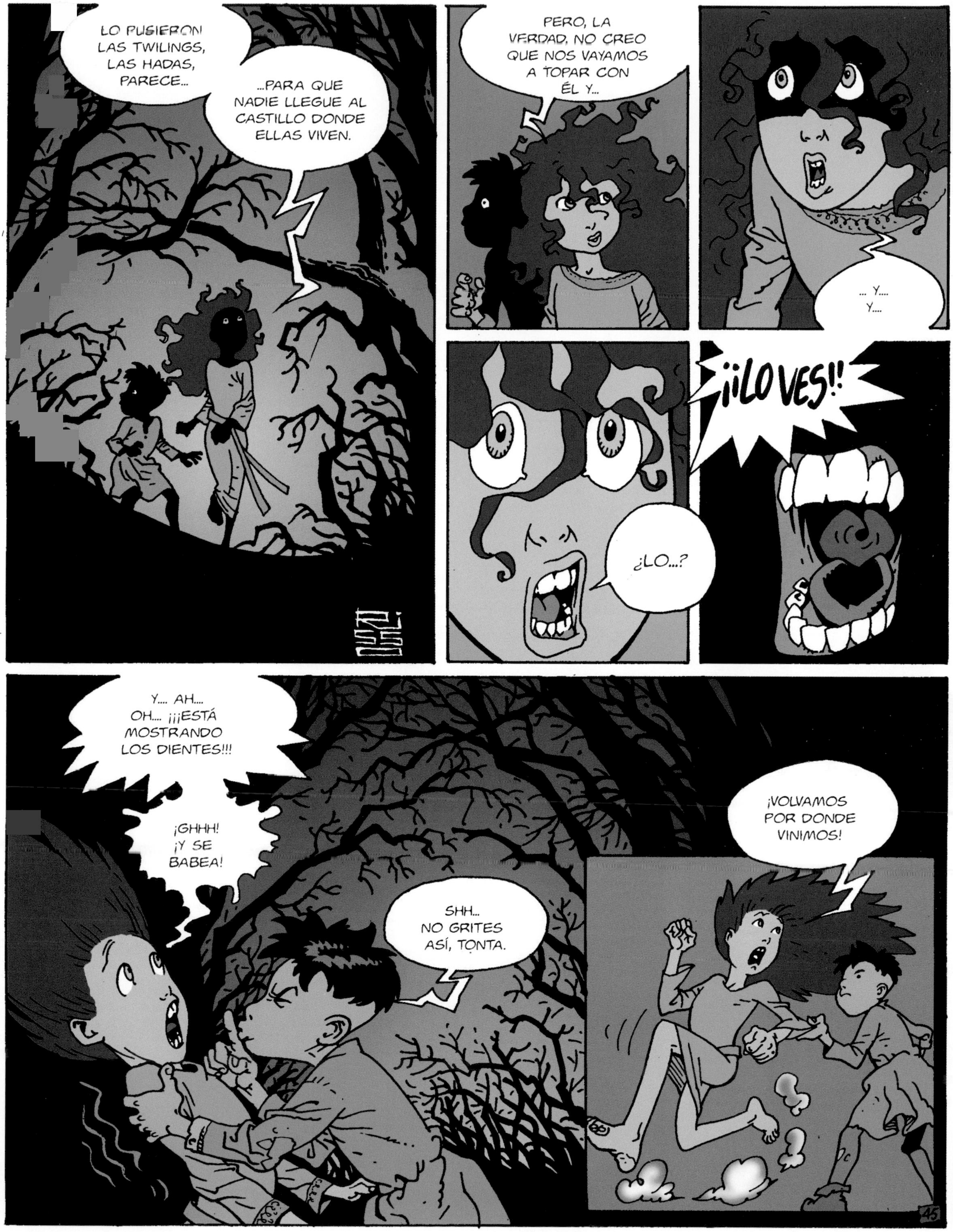
LO PUSIERON LAS TWILINGS, LAS HADAS, PARECE...
...PARA QUE NADIE LLEGUE AL CASTILLO DONDE ELLAS VIVEN.
PERO, LA VERDAD, NO CREO QUE NOS VAYAMOS A TOPAR CON ÉL Y...
... Y.... Y....
¿LO...?
¡¡LO VES!!
Y.... AH.... OH.... ¡¡¡ESTÁ MOSTRANDO LOS DIENTES!!!
¡GHHH! ¡Y SE BABEA!
SHH... NO GRITES ASÍ, TONTA.
¡VOLVAMOS POR DONDE VINIMOS!
45

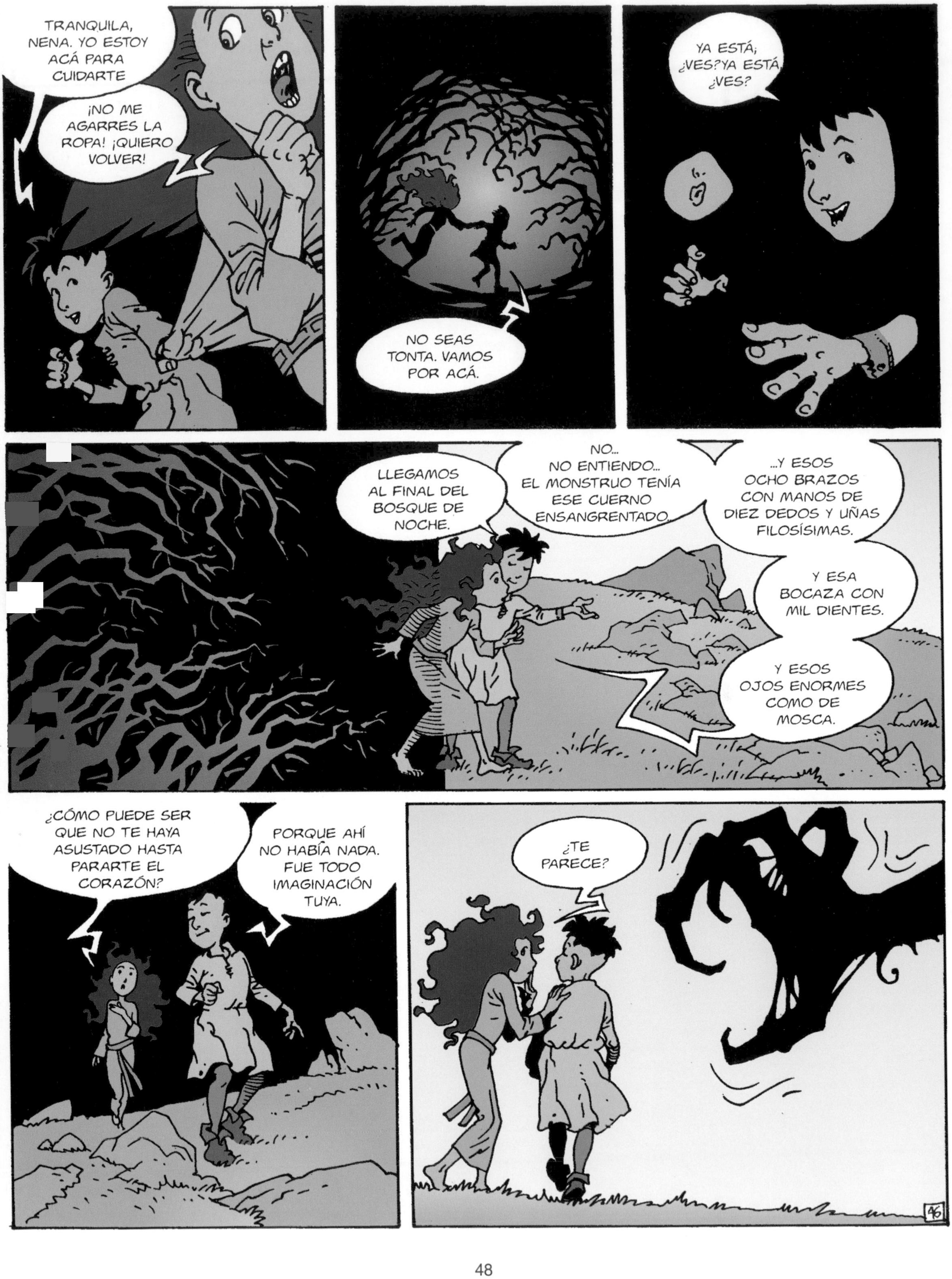
TRANQUILA, NENA. YO ESTOY ACÁ PARA CUIDARTE
¡NO ME AGARRES LA ROPA! ¡QUIERO VOLVER!
NO SEAS TONTA. VAMOS POR ACÁ.
YA ESTÁ; ¿VES? YA ESTÁ, ¿VES?
LLEGAMOS AL FINAL DEL BOSQUE DE NOCHE.
NO... NO ENTIENDO... EL MONSTRUO TENÍA ESE CUERNO ENSANGRENTADO.
...Y ESOS OCHO BRAZOS CON MANOS DE DIEZ DEDOS Y UÑAS FILOSÍSIMAS.
Y ESA BOCAZA CON MIL DIENTES.
Y ESOS OJOS ENORMES COMO DE MOSCA.
¿CÓMO PUEDE SER QUE NO TE HAYA ASUSTADO HASTA PARARTE EL CORAZÓN?
PORQUE AHÍ NO HABÍA NADA. FUE TODO IMAGINACIÓN TUYA.
¿TE PARECE?
46

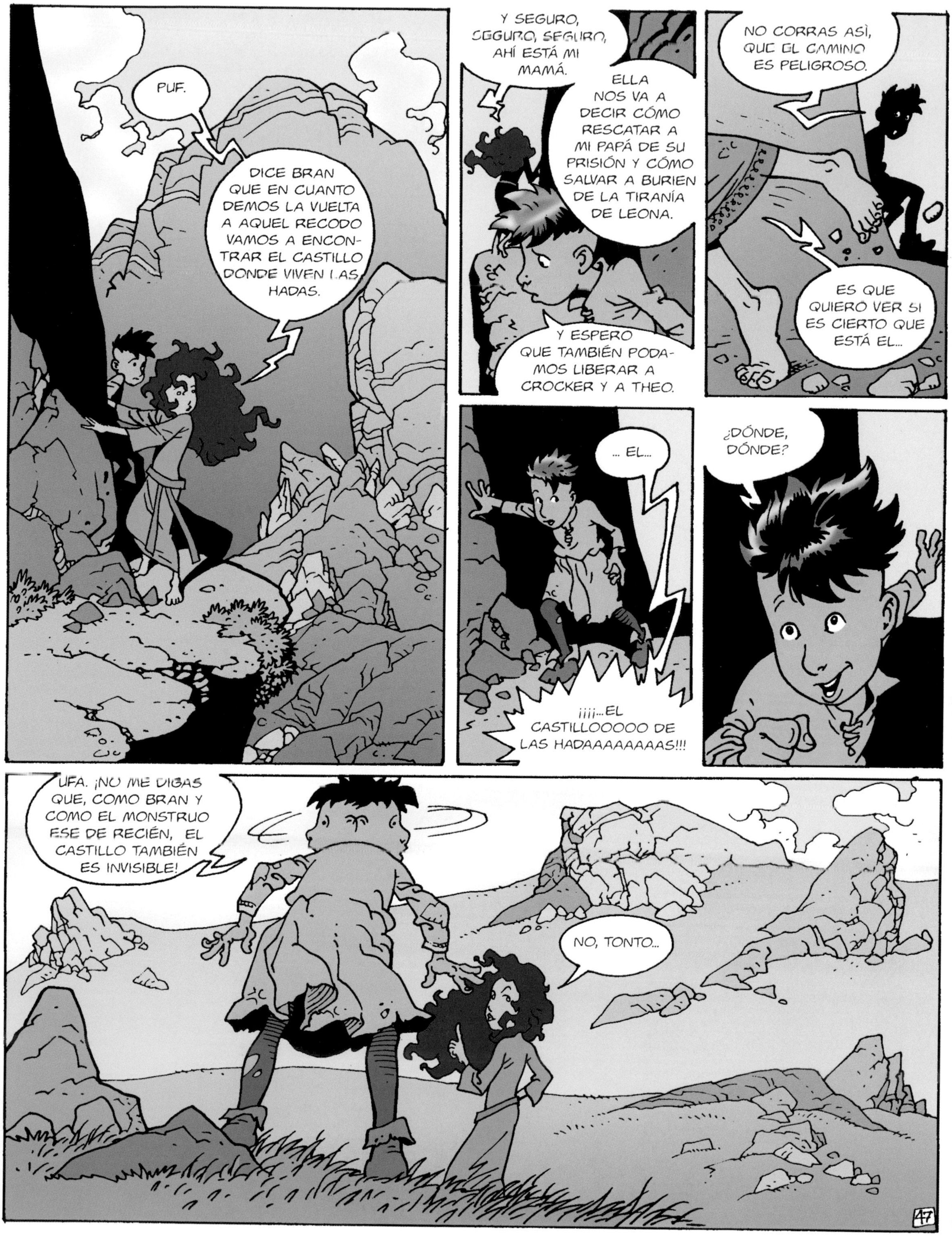
PUF.
DICE BRAN QUE EN CUANTO DEMOS LA VUELTA A AQUEL RECODO VAMOS A ENCONTRAR EL CASTILLO DONDE VIVEN LAS HADAS.
Y SEGURO, SEGURO, SEGURO, AHÍ ESTÁ MI MAMÁ.
ELLA NOS VA A DECIR CÓMO RESCATAR A MI PAPÁ DE SU PRISIÓN Y CÓMO SALVAR A BURIEN DE LA TIRANÍA DE LEONA.
Y ESPERO QUE TAMBIÉN PODAMOS LIBERAR A CROCKER Y A THEO.
NO CORRAS ASÌ, QUE EL CAMINO ES PELIGROSO.
ES QUE QUIERO VER SI ES CIERTO QUE ESTÁ EL...
... EL...
¡¡¡¡...EL CASTILLOOOOO DE LAS HADAAAAAAAAS!!!
¿DÓNDE, DÓNDE?
UFA. ¡NO ME DIGAS QUE, COMO BRAN Y COMO EL MONSTRUO ESE DE RECIÉN, EL CASTILLO TAMBIÉN ES INVISIBLE!
NO, TONTO...
47

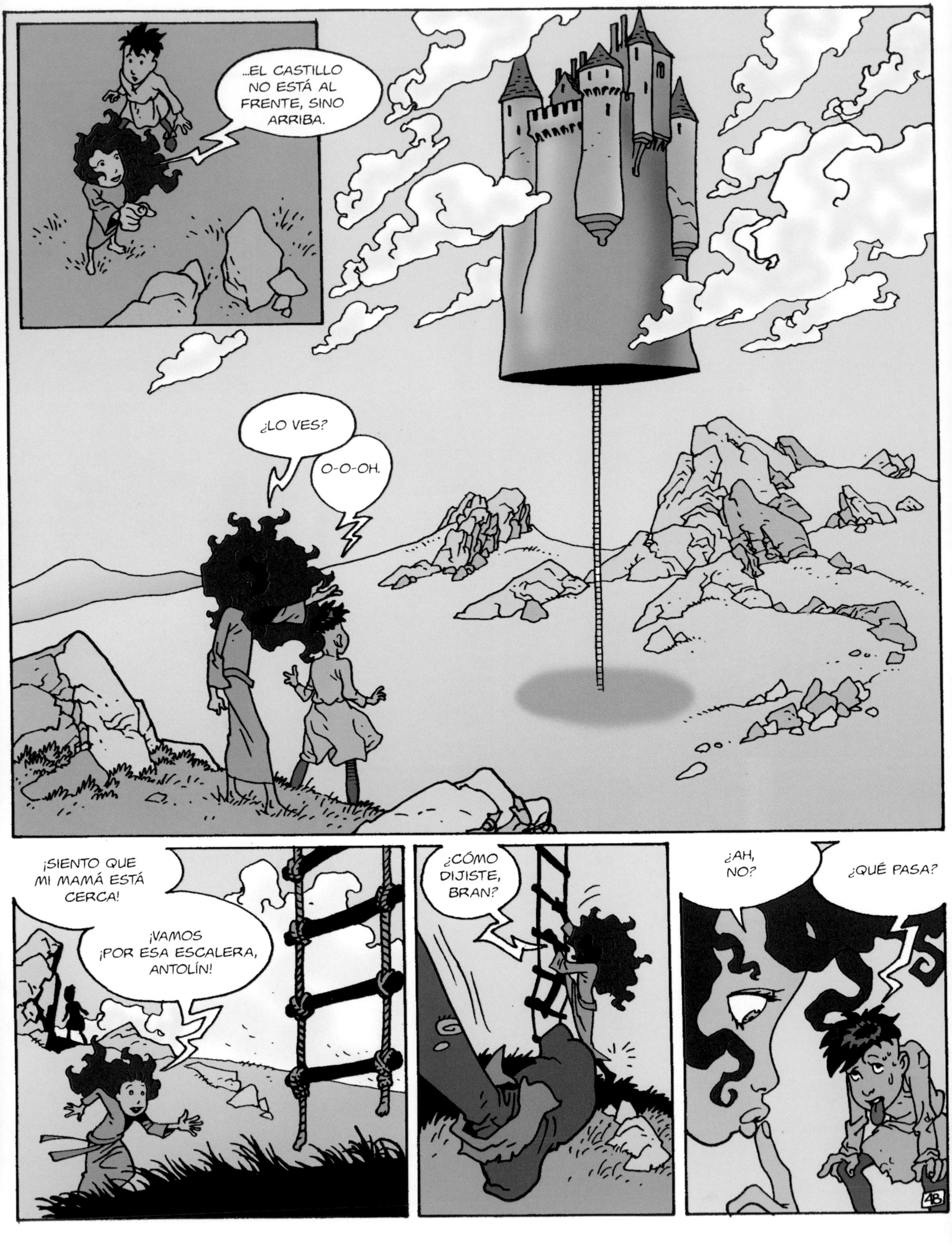

...EL CASTILLO NO ESTÁ AL FRENTE, SINO ARRIBA.
¿LO VES?
O-O-OH.
¡SIENTO QUE MI MAMÁ ESTÁ CERCA!
¡VAMOS ¡POR ESA ESCALERA, ANTOLÍN!
¿CÓMO DIJISTE, BRAN?
¿AH, NO?
¿QUÉ PASA?

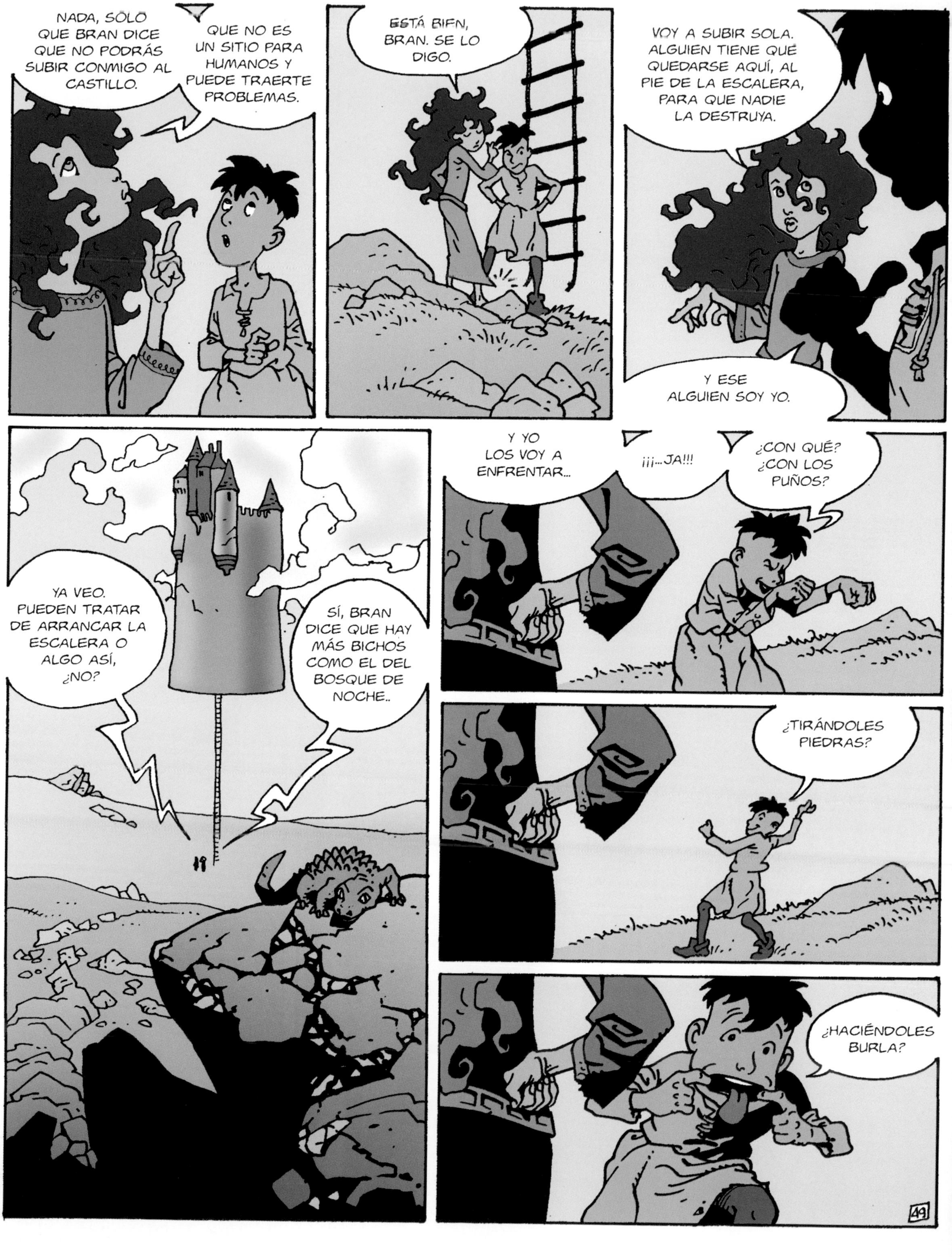
NADA, SOLO QUE BRAN DICE QUE NO PODRÁS SUBIR CONMIGO AL CASTILLO.
QUE NO ES UN SITIO PARA HUMANOS Y PUEDE TRAERTE PROBLEMAS.
ESTÁ BIEN, BRAN. SE LO DIGO.
VOY A SUBIR SOLA. ALGUIEN TIENE QUE QUEDARSE AQUÍ, AL PIE DE LA ESCALERA, PARA QUE NADIE LA DESTRUYA.
Y ESE ALGUIEN SOY YO.
YA VEO. PUEDEN TRATAR DE ARRANCAR LA ESCALERA O ALGO ASÍ, ¿NO?
SÍ, BRAN DICE QUE HAY MÁS BICHOS COMO EL DEL BOSQUE DE NOCHE..
Y YO LOS VOY A ENFRENTAR...
¡¡¡...JA!!!
¿CON QUÉ? ¿CON LOS PUÑOS?
¿TIRÁNDOLES PIEDRAS?
¿HACIÉNDOLES BURLA?
49

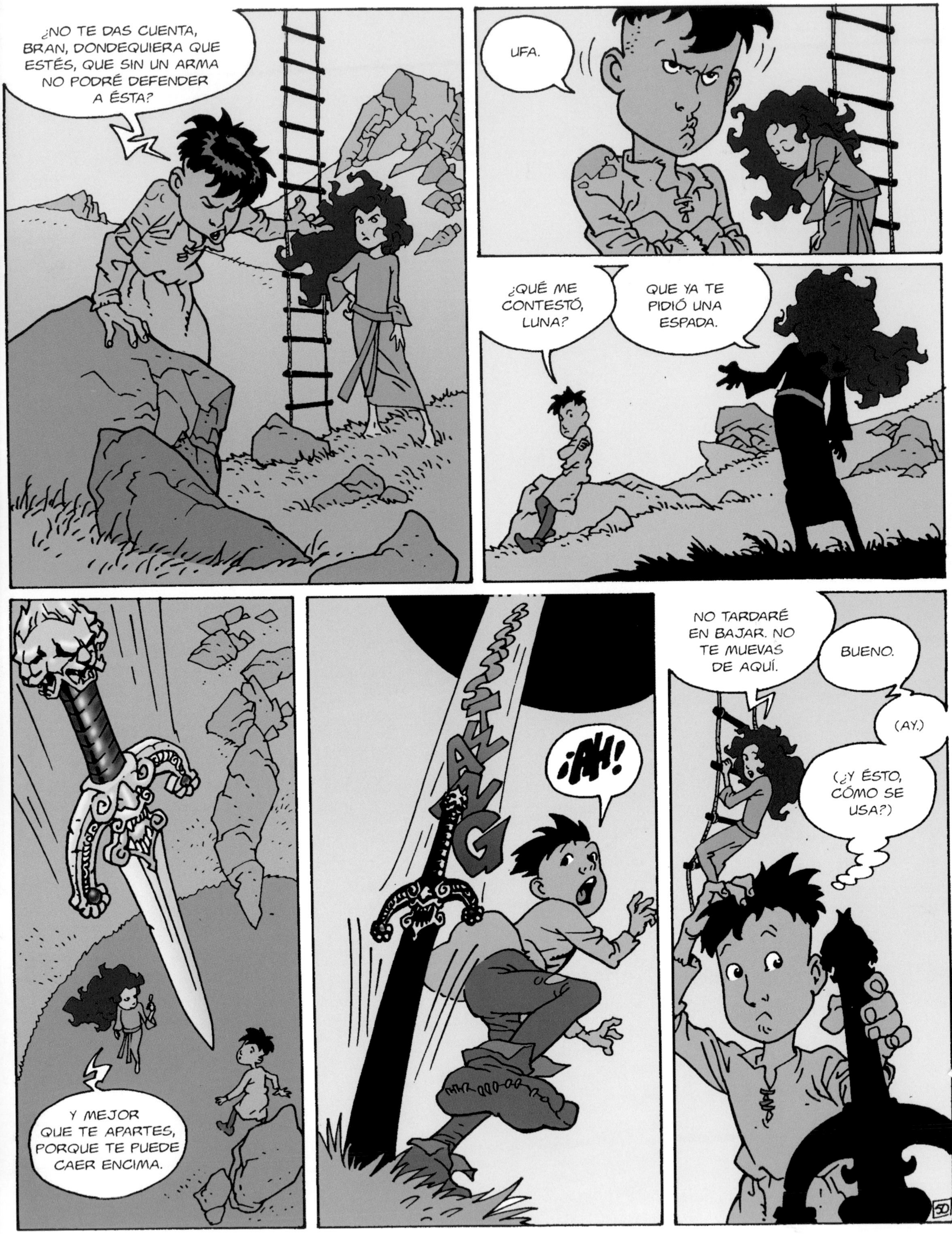
¿NO TE DAS CUENTA, BRAN, DONDEQUIERA QUE ESTÉS, QUE SIN UN ARMA NO PODRÉ DEFENDER A ÉSTA?
UFA.
¿QUÉ ME CONTESTÓ, LUNA?
QUE YA TE PIDIÓ UNA ESPADA.
Y MEJOR QUE TE APARTES, PORQUE TE PUEDE CAER ENCIMA.
¡AH!
NO TARDARÉ EN BAJAR. NO TE MUEVAS DE AQUÍ.
BUENO.
(AY.)
(¿Y ÉSTO, CÓMO SE USA?)
50

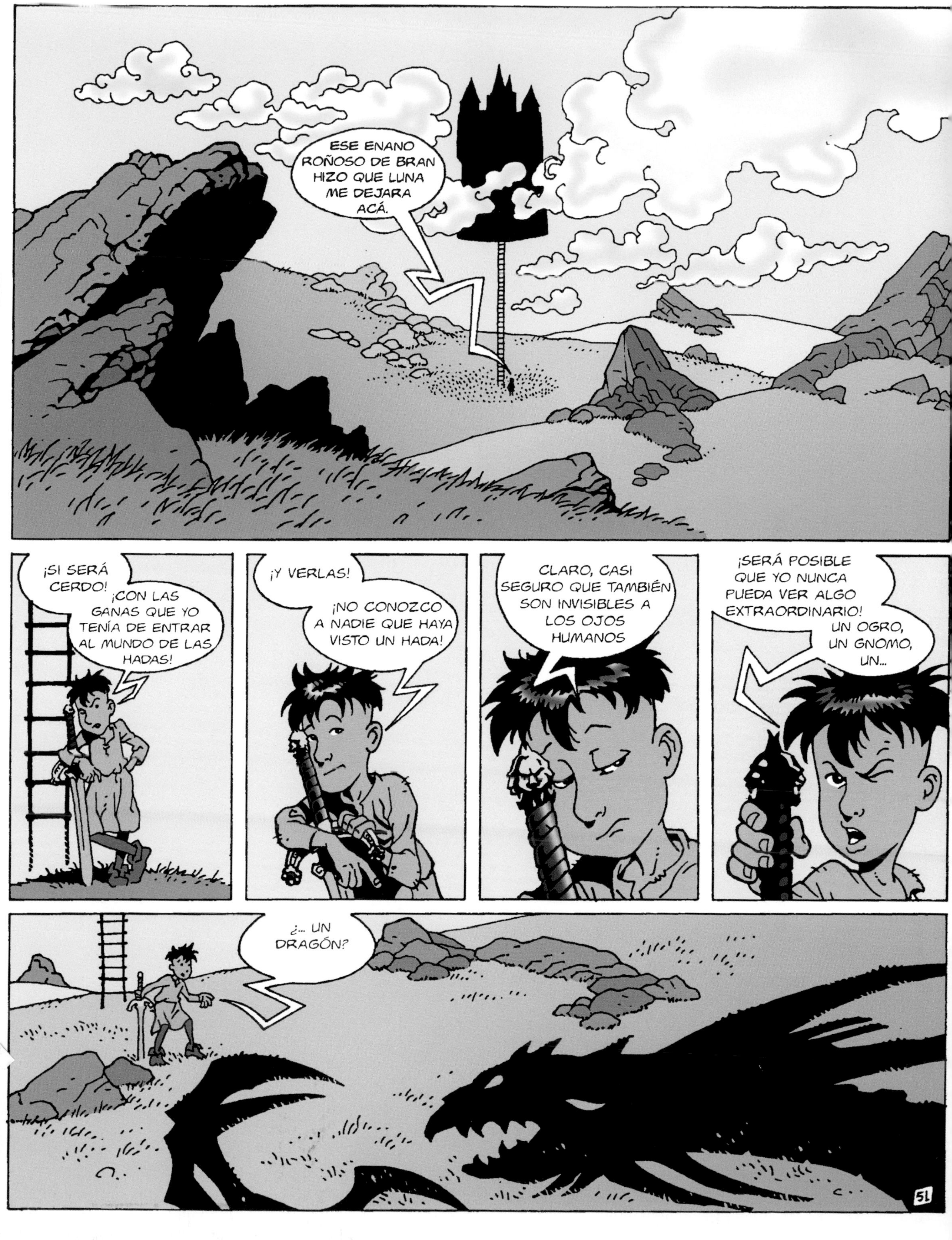

ESE ENANO ROÑOSO DE BRAN HIZO QUE LUNA ME DEJARA ACÁ.
¡SI SERÁ CERDO!
¡CON LAS GANAS QUE YO TENÍA DE ENTRAR AL MUNDO DE LAS HADAS!
¡Y VERLAS!
¡NO CONOZCO A NADIE QUE HAYA VISTO UN HADA!
CLARO, CASI SEGURO QUE TAMBIÉN SON INVISIBLES A LOS OJOS HUMANOS
¡SERÁ POSIBLE QUE YO NUNCA PUEDA VER ALGO EXTRAORDINARIO!
UN OGRO, UN GNOMO, UN...
¿... UN DRAGÓN?
51

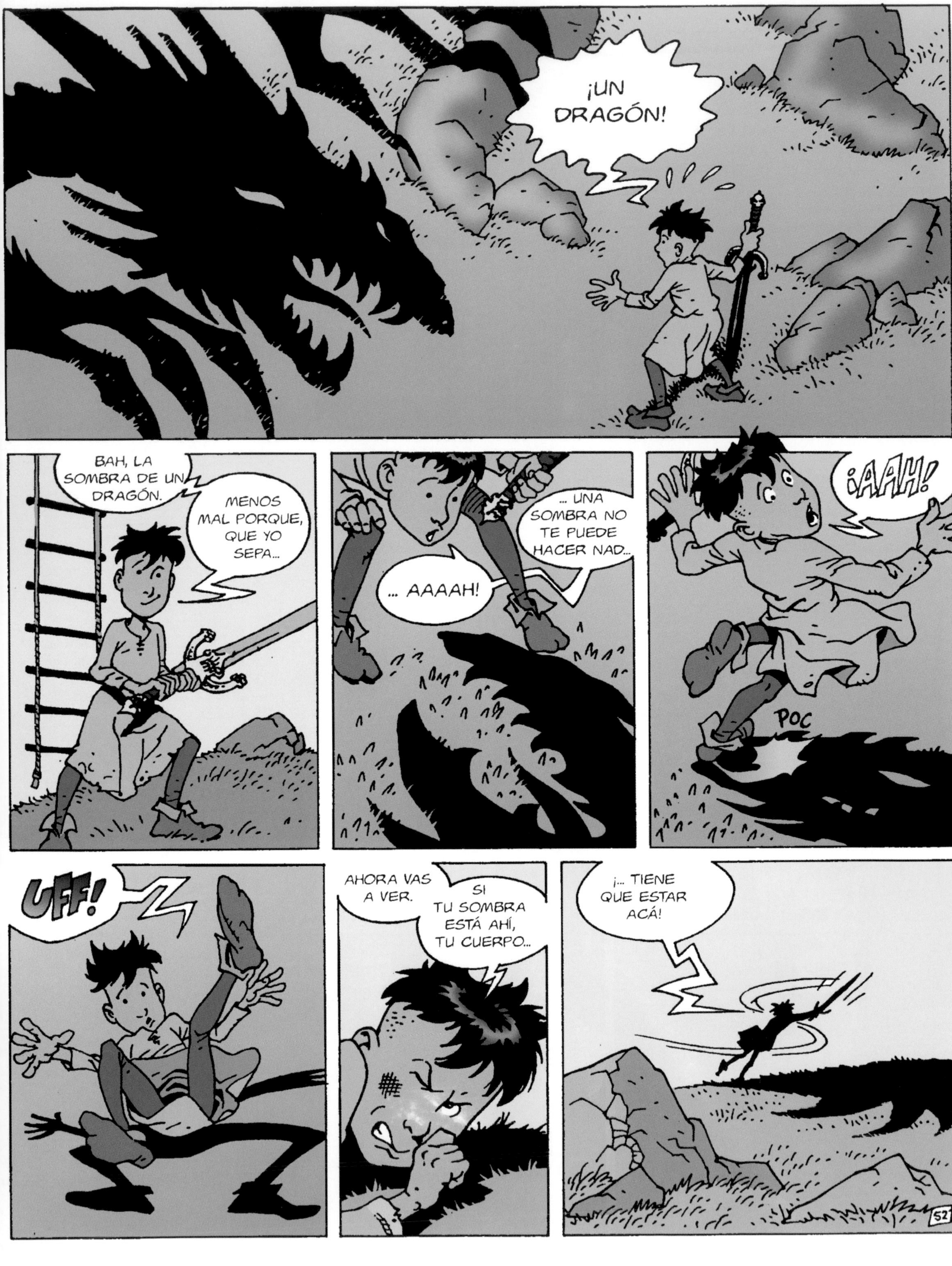
¡UN DRAGÓN!
BAH, LA SOMBRA DE UN DRAGÓN.
MENOS MAL PORQUE, QUE YO SEPA...
... UNA SOMBRA NO TE PUEDE HACER NAD...
... AAAAH!
¡AAH!
POC
UFF!
AHORA VAS A VER.
SI TU SOMBRA ESTÁ AHÍ, TU CUERPO...
¡... TIENE QUE ESTAR ACÁ!

¿NO?

HM... ME PARECE QUE ÉSTA, JUSTAMENTE, NO TIENE CUERPO.

GNAP

AY!

ENTONCES...

¡... A VER SI ESTO TE HACE ALGO!

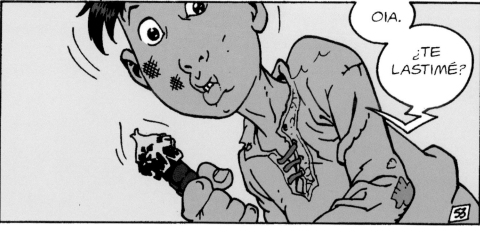

OIA.

¿TE LASTIMÉ?

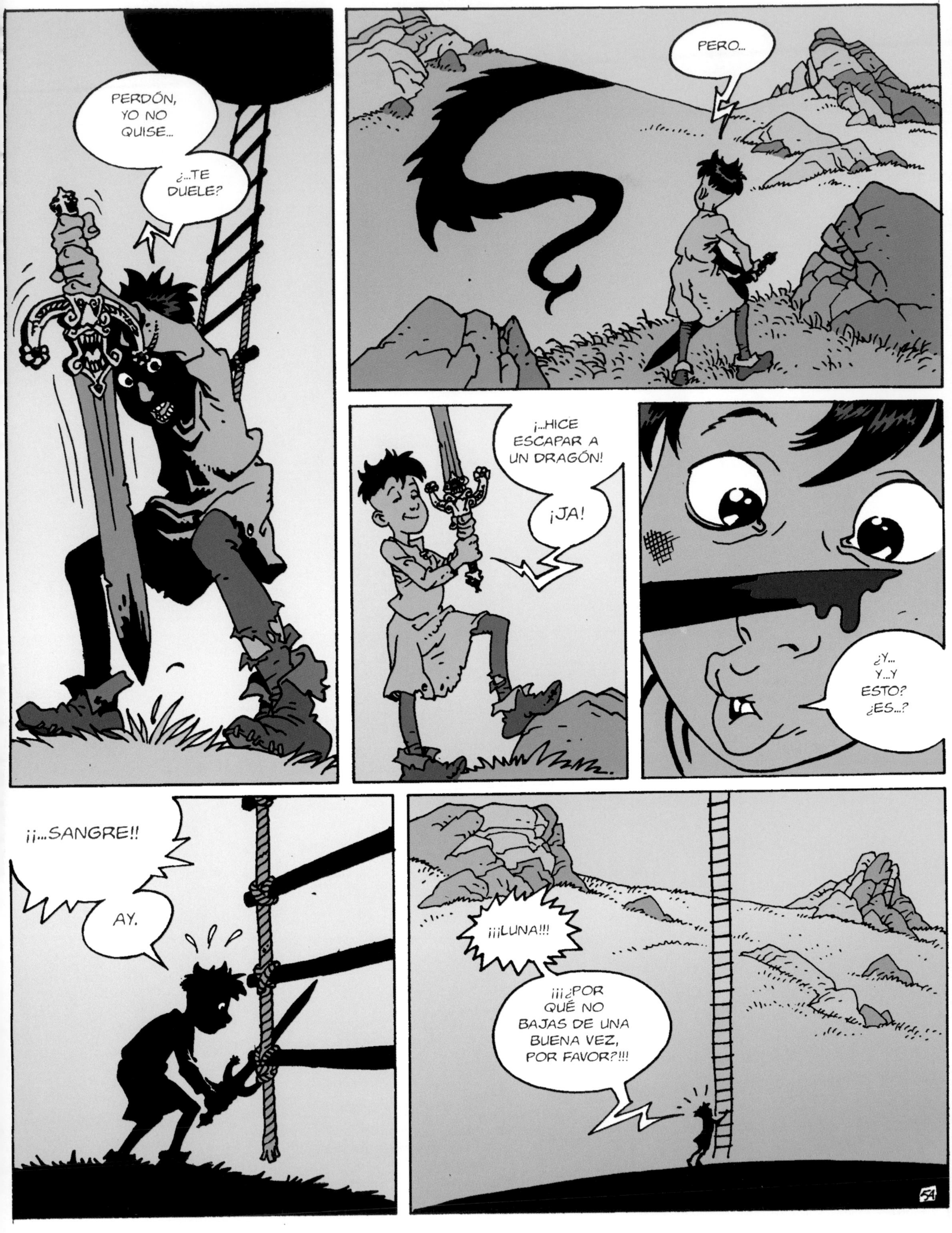
PERDÓN, YO NO QUISE...
¿...TE DUELE?
PERO...
¡...HICE ESCAPAR A UN DRAGÓN!
¡JA!
¿Y... Y...Y ESTO? ¿ES...?
¡¡...SANGRE!!
AY.
¡¡¡LUNA!!!
¡¡¡¿POR QUÉ NO BAJAS DE UNA BUENA VEZ, POR FAVOR?!!!

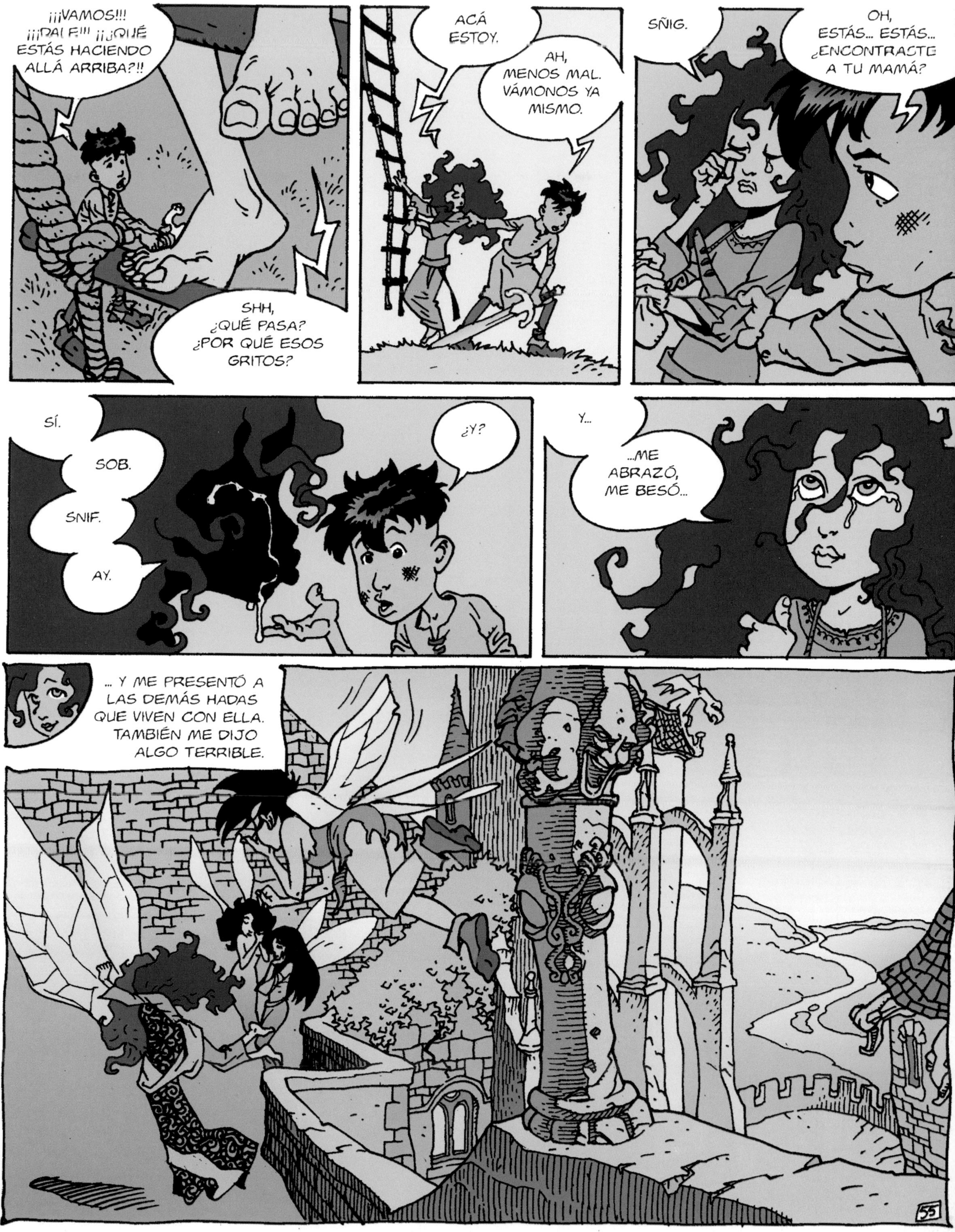
¡¡¡VAMOS!!! ¡¡¡DALE!!! ¡¡¿QUÉ ESTÁS HACIENDO ALLÁ ARRIBA?!!
SHH, ¿QUÉ PASA? ¿POR QUÉ ESOS GRITOS?
ACÁ ESTOY.
AH, MENOS MAL. VÁMONOS YA MISMO.
SÑIG.
OH, ESTÁS... ESTÁS... ¿ENCONTRASTE A TU MAMÁ?
SÍ.
SOB.
SNIF.
AY.
¿Y?
Y...
...ME ABRAZÓ, ME BESÓ...
... Y ME PRESENTÓ A LAS DEMÁS HADAS QUE VIVEN CON ELLA. TAMBIÉN ME DIJO ALGO TERRIBLE.
55

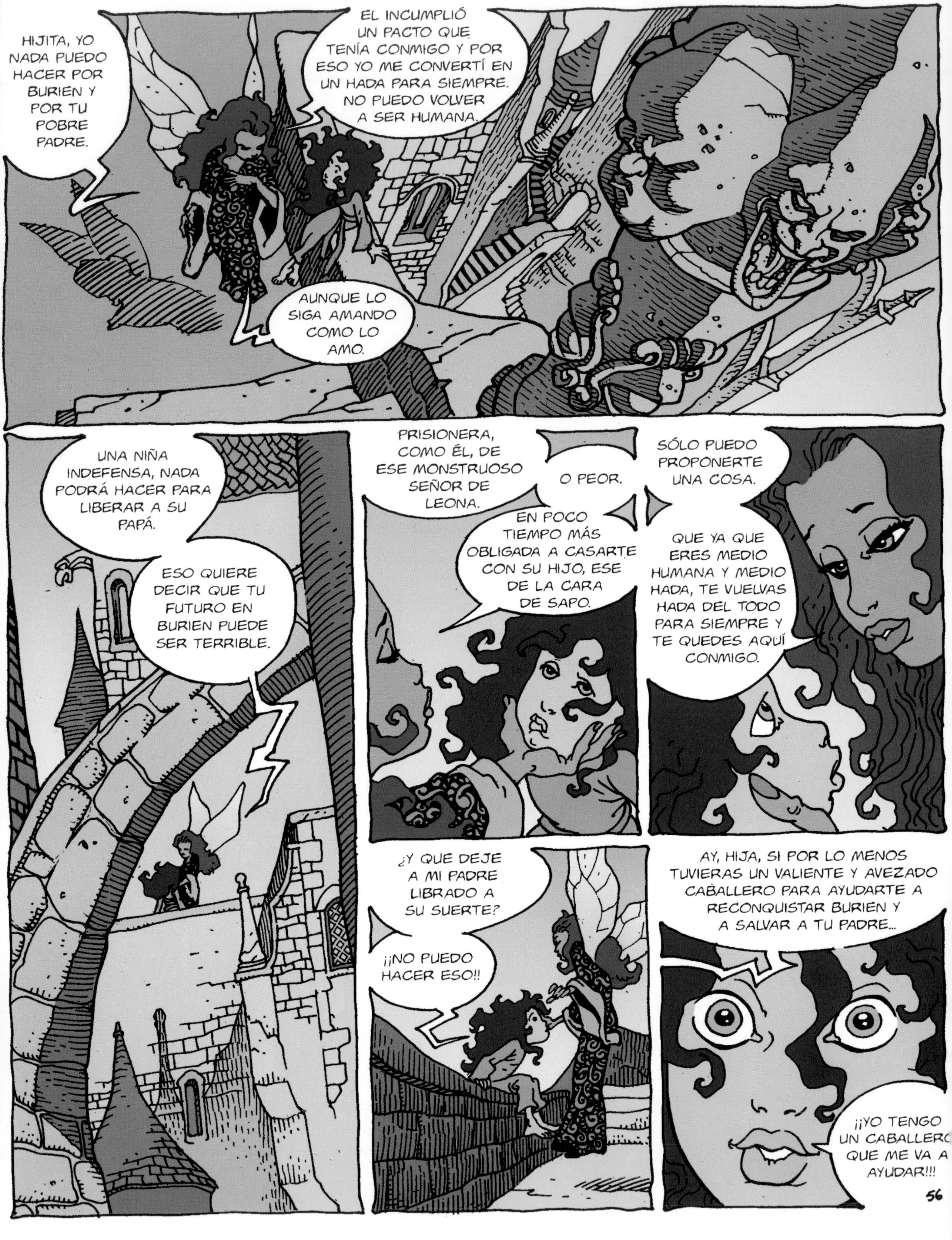
HIJITA, YO NADA PUEDO HACER POR BURIEN Y POR TU POBRE PADRE.
EL INCUMPLIÓ UN PACTO QUE TENÍA CONMIGO Y POR ESO YO ME CONVERTÍ EN UN HADA PARA SIEMPRE. NO PUEDO VOLVER A SER HUMANA.
AUNQUE LO SIGA AMANDO COMO LO AMO.
UNA NIÑA INDEFENSA, NADA PODRÁ HACER PARA LIBERAR A SU PAPÁ.
ESO QUIERE DECIR QUE TU FUTURO EN BURIEN PUEDE SER TERRIBLE.
PRISIONERA, COMO ÉL, DE ESE MONSTRUOSO SEÑOR DE LEONA.
O PEOR.
EN POCO TIEMPO MÁS OBLIGADA A CASARTE CON SU HIJO, ESE DE LA CARA DE SAPO.
SÓLO PUEDO PROPONERTE UNA COSA.
QUE YA QUE ERES MEDIO HUMANA Y MEDIO HADA, TE VUELVAS HADA DEL TODO PARA SIEMPRE Y TE QUEDES AQUÍ CONMIGO.
¿Y QUE DEJE A MI PADRE LIBRADO A SU SUERTE?
¡¡NO PUEDO HACER ESO!!
AY, HIJA, SI POR LO MENOS TUVIERAS UN VALIENTE Y AVEZADO CABALLERO PARA AYUDARTE A RECONQUISTAR BURIEN Y A SALVAR A TU PADRE...
¡¡YO TENGO UN CABALLERO QUE ME VA A AYUDAR!!!
56

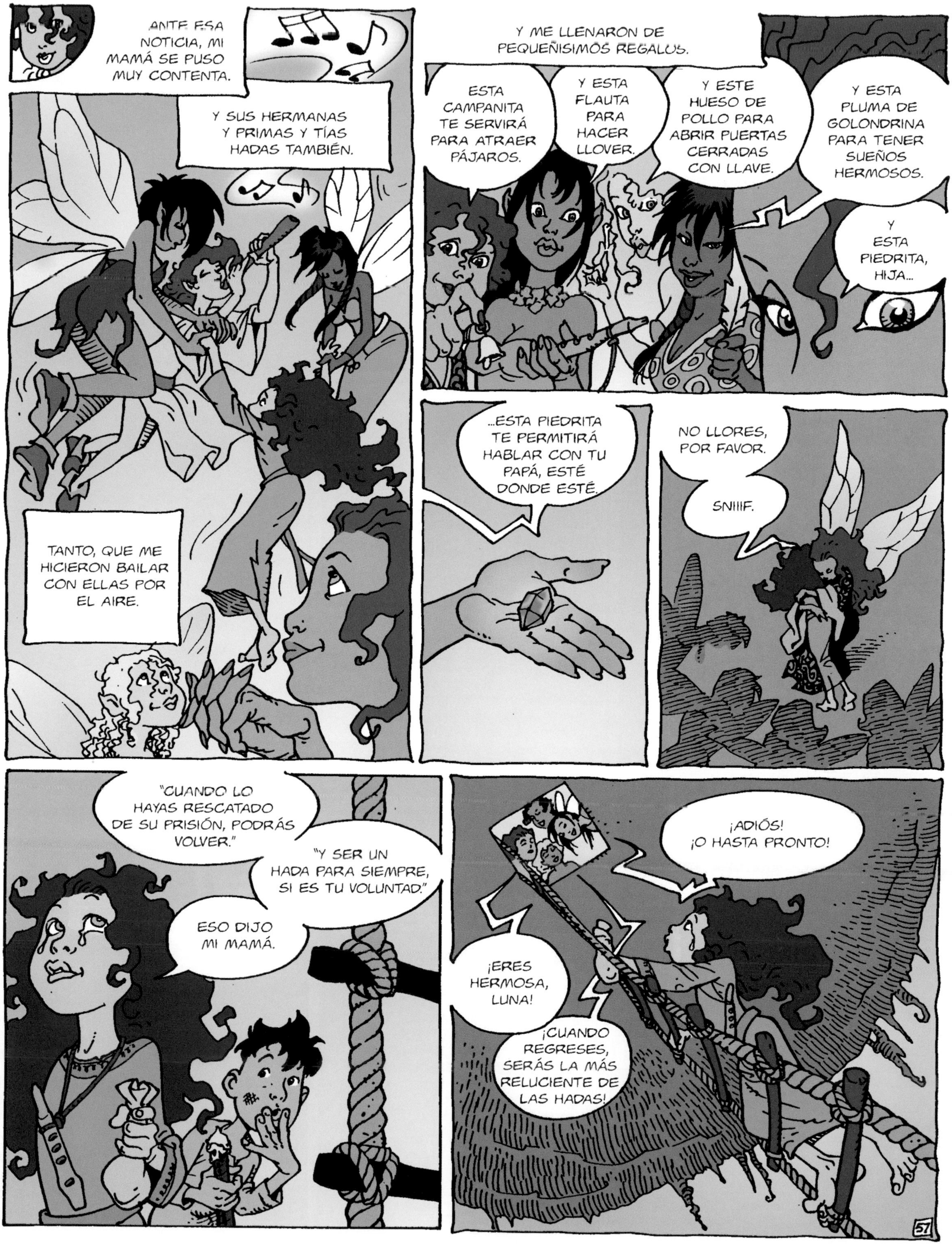
ANTE ESA NOTICIA, MI MAMÁ SE PUSO MUY CONTENTA.
Y SUS HERMANAS Y PRIMAS Y TÍAS HADAS TAMBIÉN.
TANTO, QUE ME HICIERON BAILAR CON ELLAS POR EL AIRE.
Y ME LLENARON DE PEQUEÑISIMOS REGALOS.
ESTA CAMPANITA TE SERVIRÁ PARA ATRAER PÁJAROS.
Y ESTA FLAUTA PARA HACER LLOVER.
Y ESTE HUESO DE POLLO PARA ABRIR PUERTAS CERRADAS CON LLAVE.
Y ESTA PLUMA DE GOLONDRINA PARA TENER SUEÑOS HERMOSOS.
Y ESTA PIEDRITA, HIJA...
...ESTA PIEDRITA TE PERMITIRÁ HABLAR CON TU PAPÁ, ESTÉ DONDE ESTÉ.
NO LLORES, POR FAVOR.
SNIIIF.
"CUANDO LO HAYAS RESCATADO DE SU PRISIÓN, PODRÁS VOLVER."
"Y SER UN HADA PARA SIEMPRE, SI ES TU VOLUNTAD."
ESO DIJO MI MAMÁ.
¡ADIÓS! ¡O HASTA PRONTO!
¡ERES HERMOSA, LUNA!
¡CUANDO REGRESES, SERÁS LA MÁS RELUCIENTE DE LAS HADAS!
57

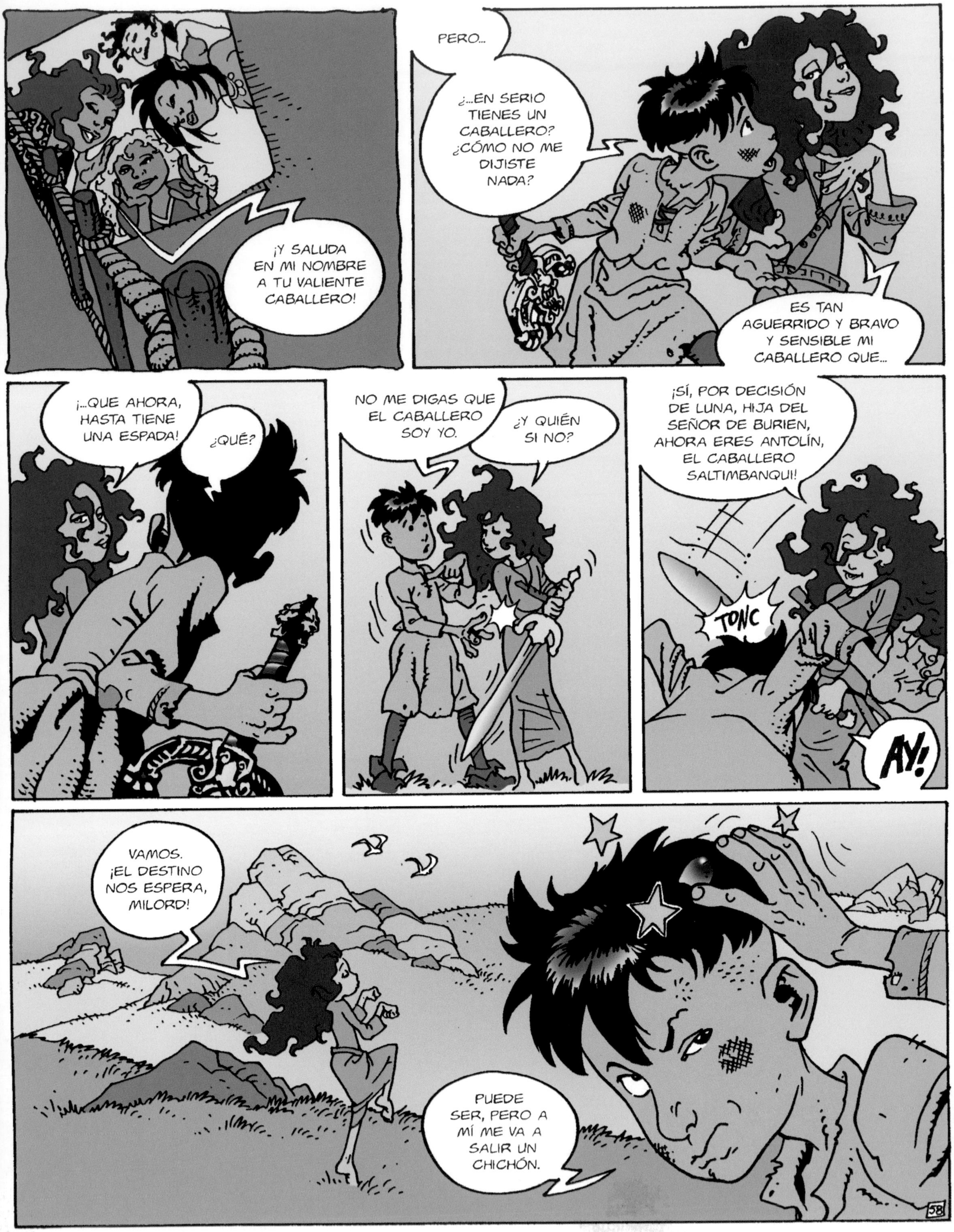
¡Y SALUDA EN MI NOMBRE A TU VALIENTE CABALLERO!
PERO...
¿...EN SERIO TIENES UN CABALLERO? ¿CÓMO NO ME DIJISTE NADA?
ES TAN AGUERRIDO Y BRAVO Y SENSIBLE MI CABALLERO QUE...
¡...QUE AHORA, HASTA TIENE UNA ESPADA!
¿QUÉ?
NO ME DIGAS QUE EL CABALLERO SOY YO.
¿Y QUIÉN SI NO?
¡SÍ, POR DECISIÓN DE LUNA, HIJA DEL SEÑOR DE BURIEN, AHORA ERES ANTOLÍN, EL CABALLERO SALTIMBANQUI!
TONC
AY!
VAMOS. ¡EL DESTINO NOS ESPERA, MILORD!
PUEDE SER, PERO A MÍ ME VA A SALIR UN CHICHÓN.
58

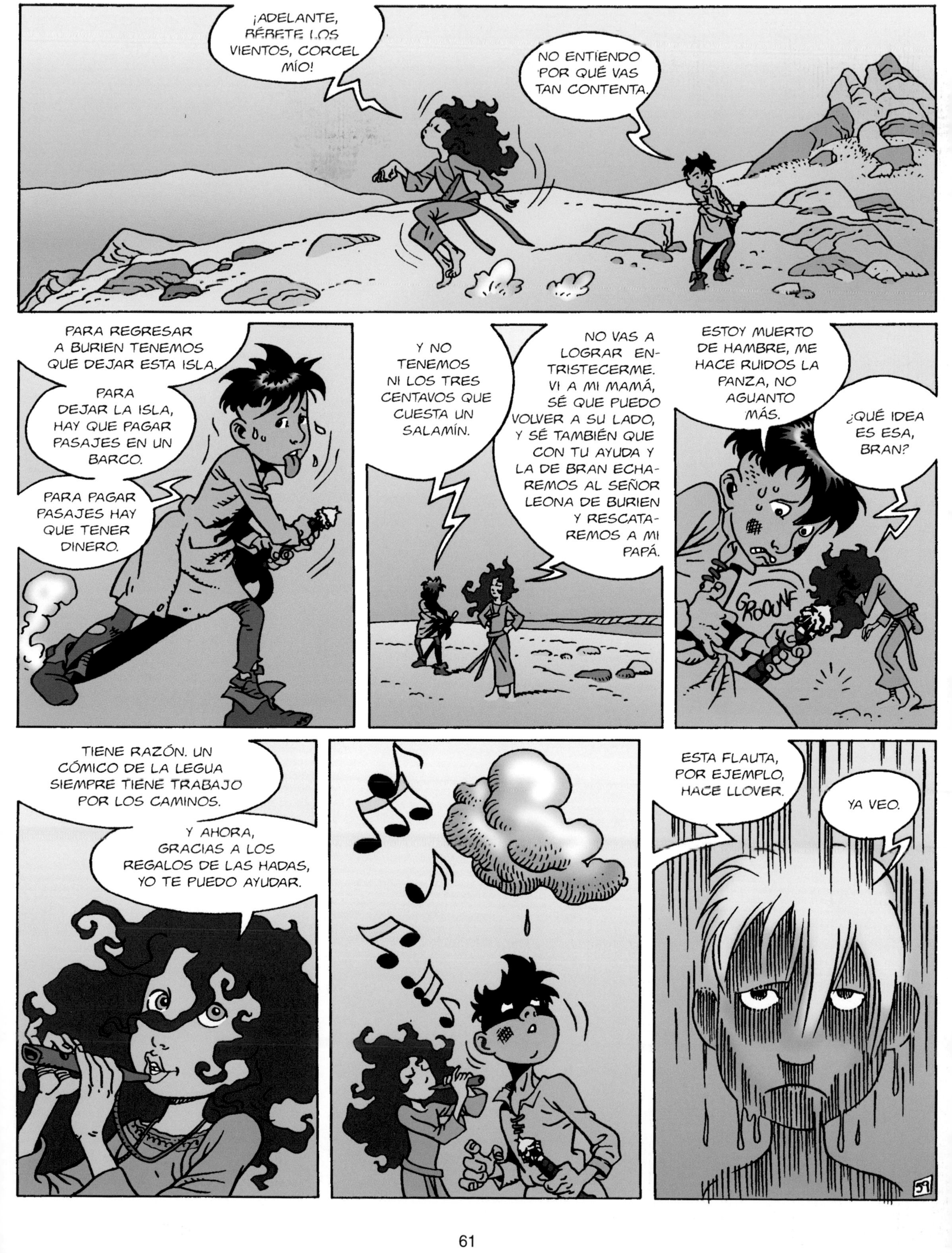
¡ADELANTE, BÉBETE LOS VIENTOS, CORCEL MÍO!
NO ENTIENDO POR QUÉ VAS TAN CONTENTA.
PARA REGRESAR A BURIEN TENEMOS QUE DEJAR ESTA ISLA.
PARA DEJAR LA ISLA, HAY QUE PAGAR PASAJES EN UN BARCO.
PARA PAGAR PASAJES HAY QUE TENER DINERO.
Y NO TENEMOS NI LOS TRES CENTAVOS QUE CUESTA UN SALAMÍN.
NO VAS A LOGRAR EN-TRISTECERME. VI A MI MAMÁ, SÉ QUE PUEDO VOLVER A SU LADO, Y SÉ TAMBIÉN QUE CON TU AYUDA Y LA DE BRAN ECHA-REMOS AL SEÑOR LEONA DE BURIEN Y RESCATA-REMOS A MI PAPÁ.
ESTOY MUERTO DE HAMBRE, ME HACE RUIDOS LA PANZA, NO AGUANTO MÁS.
GROOUNF
¿QUÉ IDEA ES ESA, BRAN?
TIENE RAZÓN. UN CÓMICO DE LA LEGUA SIEMPRE TIENE TRABAJO POR LOS CAMINOS.
Y AHORA, GRACIAS A LOS REGALOS DE LAS HADAS, YO TE PUEDO AYUDAR.
ESTA FLAUTA, POR EJEMPLO, HACE LLOVER.
YA VEO.
59

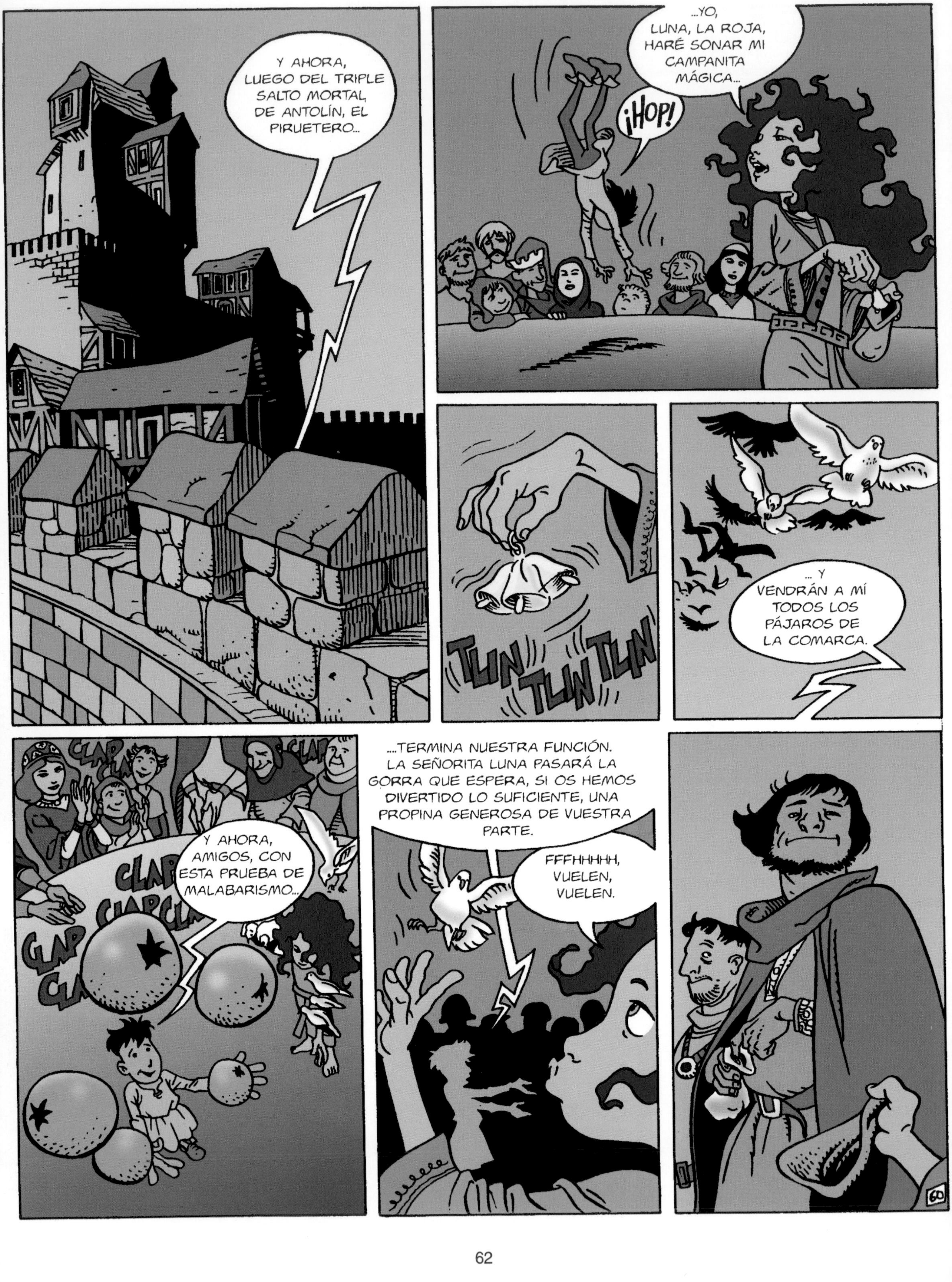
Y AHORA, LUEGO DEL TRIPLE SALTO MORTAL, DE ANTOLÍN, EL PIRUETERO...
¡HOP!
...YO, LUNA, LA ROJA, HARÉ SONAR MI CAMPANITA MÁGICA...
TLIN TLIN TLIN
... Y VENDRÁN A MÍ TODOS LOS PÁJAROS DE LA COMARCA.
CLAP CLAP CLAP CLAP
Y AHORA, AMIGOS, CON ESTA PRUEBA DE MALABARISMO...
...TERMINA NUESTRA FUNCIÓN. LA SEÑORITA LUNA PASARÁ LA GORRA QUE ESPERA, SI OS HEMOS DIVERTIDO LO SUFICIENTE, UNA PROPINA GENEROSA DE VUESTRA PARTE.
FFFHHHHH, VUELEN, VUELEN.
60

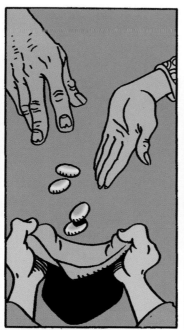

SOMOS UN ÉXITO, ÑAM. YA TENEMOS PARA PAGARLE AL DUEÑO DE UN BARCO QUE NOS DEVUELVA A BURIEN, ÑAM, ÑAM.

GNO HABLES CON LA BOCA GLLENA, MALEDUGCADO, GRONF.

PUF, FUE TODA UNA AVENTURA, CABALLERO ANTOLÍN.

NO TE BURLES, LUNA.

ATRAVESAMOS EL MAR, FUIMOS AL CASTILLO AÉREO DE LAS HADAS, PUDE VER A MI MAMÁ, ...

ME CONVERTÍ EN UNA MAGA DE FERIA (QUE ENTRE PARÉNTESIS ME ENCANTA)...

Y AHORA ESTAMOS VOLVIENDO A CASA PARA ECHAR A ESE GUSANO USURPADOR DEL SEÑOR DE LEONA.

NOS ESPERA LO PEOR, CREO.

TODO VA A SALIR BIEN.

61

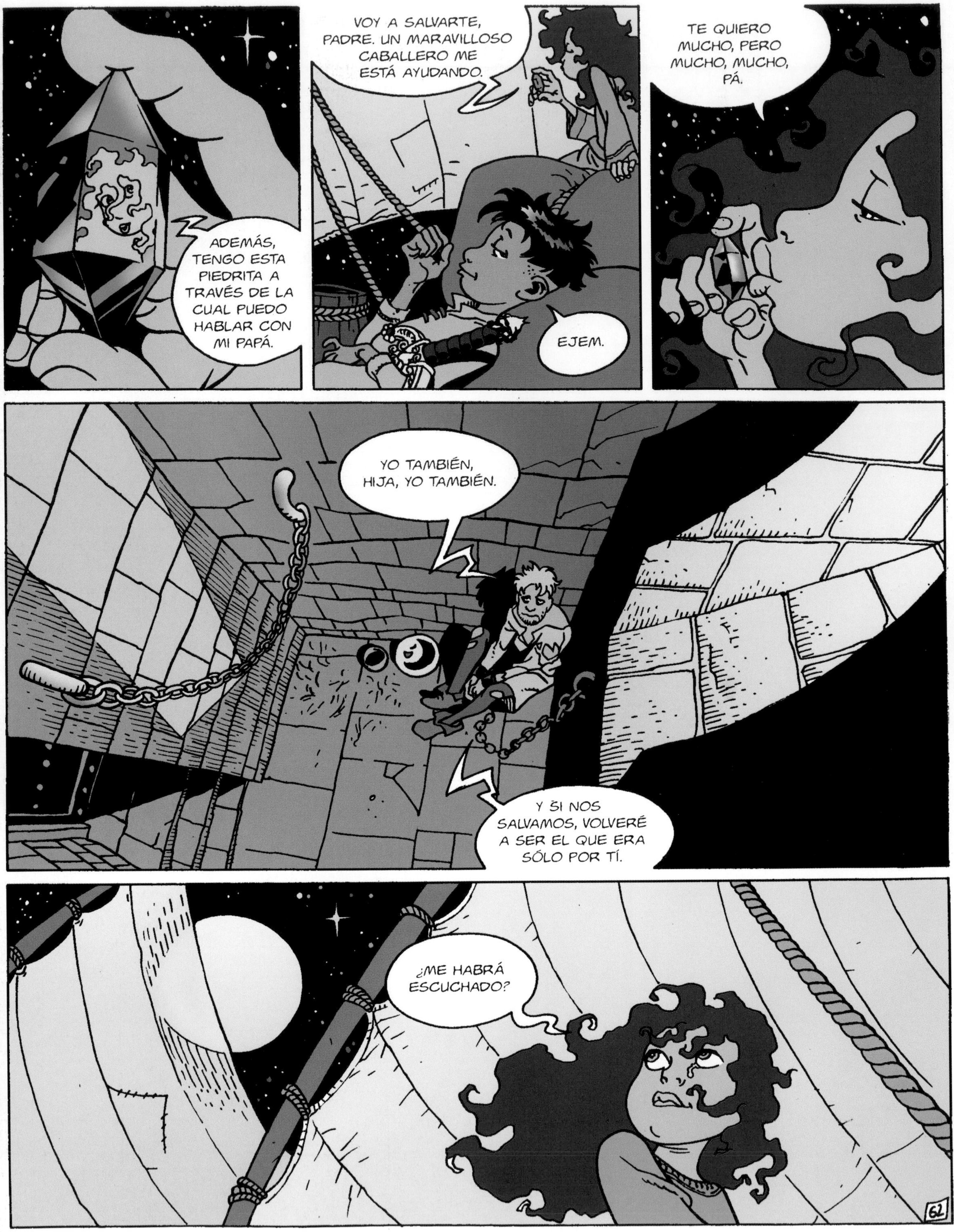
ADEMÁS, TENGO ESTA PIEDRITA A TRAVÉS DE LA CUAL PUEDO HABLAR CON MI PAPÁ.
VOY A SALVARTE, PADRE. UN MARAVILLOSO CABALLERO ME ESTÁ AYUDANDO.
EJEM.
TE QUIERO MUCHO, PERO MUCHO, MUCHO, PÁ.
YO TAMBIÉN, HIJA, YO TAMBIÉN.
Y SI NOS SALVAMOS, VOLVERÉ A SER EL QUE ERA SÓLO POR TÍ.
¿ME HABRÁ ESCUCHADO?
62